JN065131

Human Rights Protection and
Regional International Organizations
The Role and Potential of the African Union

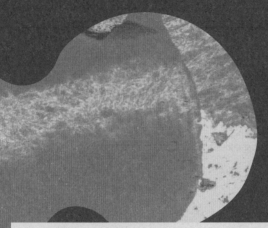

人権保障と地域国際機構

―アフリカ連合の役割と可能性― 五十嵐 美華 著

晃 洋 書 房

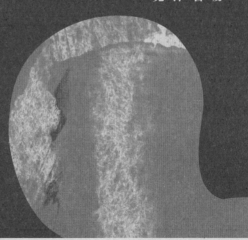

目　　次

序 章
現代国際社会における「人権の尊重」

　本書では，国際的及び地域的な人権規範が調和していく過程において地域国際機構が果たす機能を明らかにする．そのため，アフリカ連合（African Union: AU）に焦点をあてて分析を行う．

　これまで国際的な規範や国際的な合意のもとで共通であるとされた価値は，国際社会のすべての行動者[1)]が目標とし達成することを要請されているという意味で，普遍的であり，かつ，絶対的なものであった．現代国際社会におけるグローバリゼーションの波の中で，普遍的に広がりつつあるこのような価値の存在や妥当性を根本から覆すことはほとんど不可能であると考えられる．しかしその一方で，文化的多様性の確保の重要性も認識されるようになっている．普遍的に広がりつつある価値の内容や具体化あるいは受容や実現の水準や過程において，それらの妥当性を計る絶対唯一の尺度があるとするのではなく，むしろ多様性を認めていこうとする動きが存在する．したがって，絶対的なものとされていた価値を一定程度相対化するとともに，多様性を考慮することが必要とされているのである．

　では普遍的に広がりつつある価値には何が含まれるだろうか．かかる問いに対しては様々な回答がありうるだろうが，本書では，先行研究を踏まえ，現在[2)]進展するグローバリズムの基本原理である，「多様性の確保」，「デモクラシー」，「法の支配」，「人権の尊重」，「経済的・社会的正義の実現」の5つとしたい．これらは概してヨーロッパ社会に起源を持つが，現在では国際社会全体で普遍化が進みつつある価値として位置づけられる．

　先行研究によれば，1990年代以降のグローバリゼーションの加速は，グローバルな規模での価値の画一化，均質化を促進させ，国境を超えた人々の活動を促すと同時に，コスモポリタンのような超国家的なアイデンティティをも生じ

させつつある．しかし，他方で「多様性の確保」がグローバリズムの基本原理の一部であることにより，いくつかの価値の普遍性と多様性をめぐるパラドックスが生じている[3]．

　特に冷戦終結後からは，文化やエスニシティなどが集団や個人のアイデンティティを形作る要素として比重を増した[4]．それにより，地域や文化，言語，宗教など多様な価値に基づく共同体への人々の帰属意識が強まり[5]，その結果としてイデオロギーや価値の相対化が一段と推し進められることになった[6]．このように現代では，様々な社会的背景を持つ集団が，その自立性を主張する一方で，急速に相互浸透を高めている．これは現代の国際社会では不可避の現象である[7]．

　その中でも本書の中心的なテーマである「人権の尊重」については，国際社会において普遍的であるとされる価値の実現の仕方及びそれを担う行動者について，多様化が進んでいる．

　周知のとおり，もともと人権はキリスト教社会の国内法秩序の中に成立した概念である．イギリスの権利章典（1689年），ヴァージニアの権利章典（1776年），アメリカ独立宣言（1776年），フランスの人及び市民の権利宣言（1789年）などがその先駆けであり，それはやがてこれらの国の憲法に規定されるようになった．それ以前の専制君主政治に対し，天賦人権説の思想から人間の生来の自由と平等が求められ，国内法によって保障されることが民主政治の中核となってきた[8]．

　このような社会的起源を持つ人権概念は，その後ヨーロッパ以外の他の国々に波及し，現在の国際社会では普遍的な価値として認められているが，普遍化が飛躍的に進展したのは第二次世界大戦以降である．それまで国内問題であるとされてきた人権問題は，第二次世界大戦以降，国際法上の重要な課題となった[9]．事実，国際連合（以下，国連）は1948年に世界人権宣言を，そして1966年には国際人権規約を採択し，その後も人権に関する多くの総会決議を採択するなど「人権の尊重」に取り組んでいる．さらに，1993年6月にはウィーンで世界人権会議が開催され，「ウィーン宣言及び行動計画」が採択された．ウィーン宣言はその第5項において「すべての人権は普遍的であり，不可分かつ相互依

存的であ」るとし，人権の普遍性を認めている．ウィーン宣言採択後，人権が普遍的な性格を持つことを真正面から否定する国は存在しない[10]．このように欧米社会で築き上げられてきた人権規範は，現行の国際秩序の基本的支柱を形成するに至っている[11]．

　他方でウィーン宣言第5項は，人権の保護にあたり「国家的及び地域的独自性の意義，並びに多様な歴史的，文化的及び宗教的背景を考慮しなければならない」としており，人権の文化的な側面についても触れている．また，2001年に採択されたユネスコ（UNESCO）の「文化的多様性に関する世界宣言」にも明示されるように，「多様性の確保」も普遍的価値として認められるようになった[12]．実際，世界人権会議のアジアにおける準備会合で採択された1993年の「バンコク宣言」では「アジア的人権論」が主張され[13]，アフリカ統一機構（Organization of African Unity: OAU）による「人及び人民の権利に関するアフリカ憲章」（バンジュール憲章）では人権のアフリカ的な概念が反映されているなど[14]，多様性を尊重する立場から「人権の尊重」に関する宣言や法規範が発せられている．すなわち，ヨーロッパ以外の文化圏にもそれぞれの文化に即した人権概念があるとする，人権の文化的多様性を主張する立場も存在しているのである[15]．

　「人権の尊重」をめぐる国際制度の特性[16]としては，現在に至るまで，国連を中心とする国際社会全体レベルだけでなく，地域レベルの人権保障体制が形成されてきたことがある．地域的人権保障体制としては，欧州評議会による「人権及び基本的自由の保護のための条約」（ヨーロッパ人権条約）や米州機構による「米州人権条約」，そして先述のバンジュール憲章が存在する．「人権の尊重」は，したがって，多様な行動者によって多元的に担われていることが認められる．

　しかし，「人権の尊重」の実現を担う行動者がこのように多岐にわたり，その価値観も統一的でない国際社会においては，「人権の尊重」という普遍的価値の受容の仕方や実現の仕方について行動者間で齟齬が生じることがある．その際に重要な役割を果たすと考えられるのが，地域国際機構である．地域国際機構は，地域内の諸国の連帯を基礎として，地域の特殊性を背景に形成され，それゆえに，国連などの普遍的な国際機構には見られない機能を果たすことが期待される[17]．普遍的な国際機構や国際的な規範は，能力や専門性，地理的な制

約から，必ずしも地域特有の問題に対処可能ではない場合がある．そのような[18)]
問題に対処する際，地域国際機構は，普遍的な国際機構との協調によって問題
の解決に取り組んだり，国際的な規範を地域内の国々や人々が自発的に受容す
るよう独自の規範を形成したりすることがある．つまり，地域国際機構は，単[19)]
に加盟国の集合的利益を実現するためだけの組織ではない．[20)]

　そこで本書は，AUとその前身であるOAUの行動を事例として，「多様性の
確保」と国際的な「人権の尊重」の間の齟齬の調整，すなわち両者を調和させ
ることが，地域国際機構の機能の1つであることを明らかにする．数ある地域
国際機構の中でAUを扱う理由は，以下の2点である．

　第一に，アフリカ地域の価値観や地域的な事情は，現在国際社会において普
遍的とみなされる価値が生じた欧米文化圏のそれとは異なるためである．地域
国際機構の最大の事例は欧州連合（European Union: EU）であり，これまで人権
保障の多元化に関する先行研究のほとんどがEUの人権保障制度の分析など，
ヨーロッパを中心とする研究であった．したがって，アフリカを事例として，
普遍的な価値と地域的特殊事情の衝突に焦点を当て，地域的な人権保障規範・
制度の設立を分析することは，人権保障を巡る地域国際機構の役割を明らかに
することに有用である．さらに，普遍性と共に多様性を中核とする人権制度な
いしそのダイナミズムという観点から見れば，EUの分析と同等あるいはそれ
以上に学術的な意義が認められる．

　第二に，アフリカは他の非欧米文化圏よりも制度化が進んでいるためである．
AUのバンジュール憲章では，人及び人民の権利の伸長や，人及び人民の権利
の保護を確保することを任務とする「人及び人民の権利に関するアフリカ委員
会」の設置を定めている．加えて，AUは1999年には「子どもの権利および福
祉に関するアフリカ憲章」を，2003年には「女性の権利に関するバンジュール
憲章議定書」を採択し，さらには2014年にはアフリカ司法・人権裁判所の設立
を決定するなど，地域独自の人権概念を含む「人権の尊重」を現実するための
メカニズムを形成している．確かに，例えばアジアには東南アジア諸国連合
（Association of South East Asian Nation: ASEAN）が存在し，「ASEAN人権宣言」が
2012年に採択されている．しかし，AUと同程度の「人権の保障」を担う地域

的な制度は未だ確立されていない．また，イスラム諸国会議機構（Organisation of the Islamic Conference: OIC）[21] による「カイロ人権宣言」（1990年）やアラブ諸国連盟による「アラブ人権憲章」（1994年）も存在するが，人権委員会の役割がカウンセリングや法的な諮問を行うことにとどまるなど，規範の実効性や遵守に関するメカニズムが確立されておらず，よってこちらもAUほど人権保障制度が形成されているとは言いがたい[22]．したがって，国際社会の中で地域国際機構が独自の人権保障制度を発展させてきた経緯を分析する場合，AUを対象とすることに意義が認められる．

　以上を理由として，AUの行動を分析することは，普遍性と多様性の衝突が生じた際に地域国際機構がいかなる機能を果たすのかを明らかにし，多様な背景を持つ行動者が存在する国際社会において，「人権の尊重」の実現を目指す際の1つのモデルを提示する一助となりうる．

　本書におけるAUの行動の分析に当たっては，廣瀬和子の提唱する国際法社会学の行動システム理論を方法論とする[23]．現代の国際社会ではグローバリゼーションと相互依存が深まり，経済や環境，軍縮などの問題に国際社会全体で取り組む必要性が認識され，それらに共同で対処するための枠組みも形成されてきた[24]．そのような中で，国連システムに代表される国際機構がいわゆる「国際公役務[25]」を実施する主要な機関となり，国際社会の制度化を促進している．

　もとより国際機構は国連のように普遍的な国際機構のみを指すのではなく，より地域性の高い地域国際機構も含まれる．さらに，グローバリゼーションの進展によって求められる国際協調についての対応は，国際社会全体レベルよりも地域レベルの方がより容易である．なぜならば，地域レベルでは行動者の共通の目的，意図，アイデンティティ，共通の行動を生み出す一定の地域性が存在しており，それを基盤に政策協調や統合化が容易になるためである[26]．

　地域の連帯を背景に形成される地域国際機構は，普遍的な国際機構よりも地域的な利益を優先して追求する[27]．しかし同時に，地域的な人権保障メカニズムが形成されてきたことからも明らかなように，地域国際機構における相互作用を通じて多くの加盟国が普遍的な規範に関する共通認識を積み上げてきたことも否定できない[28]．このことは地域国際機構が対外（＝国際社会全体レベル）的に

は1つの意思を持って行動する行動者であること，並びに対内的には地域国際機構を構成する加盟国や様々な要因が複雑に相互作用をしているシステムであることの併存によって生じる機能である．

これまで国際政治学は伝統的に国家間の関係を分析の対象としてきた．国際機構についても同様であり，主権国家を中心的な行動者として，主権国家体制の組織化としての国際機構の形成について説明することは，これまでもなされてきた[29]．一般的に国益の追求を志向する国家にとって，国際機構の存在は外側から自らの主権を制限する主体になりうるものである[30]．それにもかかわらず，国家はこれまで多くの国際機構を生み出している．この事実について，国際関係を国家間の権力闘争という対立イメージで捉えるリアリストであれば，国際機構の設立は単に国家間の勢力の均衡点とうまく合致したためであると解するであろう[31]．しかし本書のように，「人権の尊重」という価値の多元性や行動者の多様化といった，行動者間の共同利益の模索や価値の共有にも関係する事柄を扱うにあたっては，国家の利益を中心に分析するリアリズムのような理論では限界が生じる．また，人権の普遍性及び多様性並びにその実現過程を社会実態に即して検討する際には，純粋に権利・義務の視点から法規範の意味内容とその体系のあり方を探求する実定法学の視点のみならず，その基盤となる実際の政治，経済，文化などの社会実体との関係から機能する法規範の諸条件を分析することができる，社会学的な視点も必要である．

以上の研究上の要求を充たす方法論として，様々な行動者間の相互連関という観点から国際法関係の動学的分析を可能にする，廣瀬和子の国際法社会学理論がある．廣瀬の行動システム理論の基本的性格は次のとおりである．

行動システム理論は，行動者の個々の利害行動に基づく利害システム，行動者が置かれている全体の利益の視点から行動者に期待される役割期待行動に基づく役割システム，利害システムと役割システムを媒介する働きをするシンボル・システムの3つのシステムから，法現象を説明しようとする社会学的枠組みである[32]．

行動システム理論では行動者の行動を分析の出発点とし，上記3つのシステム[33]によって行動の動機を分析する．そして，国際社会を国際共同体という1つ

のシステムとして捉え，そこに行動者の相互連関を見ることによって，システムの機能や構造を把握する[34]．そして行動者間の横のつながりだけでなく，全体と個の行動者の関係を分かちがたく絡まり合うものとし，社会における全体と個の間の矛盾ないし不可両立性が作り出す複雑性，複雑な相互連関が生み出す変化を動的に捉えることができる[35]．

　行動システム理論が本書の方法論として適している主たる理由もここにある．すなわち，本理論によって，様々な行動者及びその相互連関によってもたらされるシステムとしてのアフリカ人権保障メカニズムの形成，維持，変更等の動的過程を分析することができる．

　廣瀬の行動システム理論は社会学におけるシステム理論の大家であるタルコット・パーソンズ（Talcott Parsons）の構造機能分析をもとにしている[36]．構造機能分析を代表するパーソンズの理論は本来国内社会を分析するために作られたものであるが，そうであるからと言って国際社会に構造機能分析が応用できないわけではない．国内法も国際法も，その機能と構造の多くの部分は，それぞれの社会における行動者を社会体系としてみた場合の機能的必要との相互連関によって決まる[37]．行動者が，自己の微視的な機能的必要に基づいて行動する場合（＝利害行動）と，社会の一員として求められる巨視的な機能的必要に基づいて行動する場合（＝役割行動）では，その行動原理は異なる[38]．現実の社会における行動者の行動には，この2つの行動原理の相互連関が作用する[39]．そして行動者は，この相互連関に影響を受け，自らの関与する経済システム，政治システム，社会システム，文化システムを認識し，関連づけ，体系づける[40]．さらに，自らの意思で操作し，自己や社会全体を変えていく[41]．そのため，地域国際機構という行動者が作る法制度についても，法制度単体ではなく，社会全体という側面からの考察によって生成の背景や今後の発展の可能性が明らかになる．

　構造機能分析はシステムの変動分析には向いていないとしばしば指摘されるが[42]，必ずしもそうとはいえない．構造機能分析は，以下のような仮定を前提として含む．第一に，システムにはそれぞれの目的（＝機能的必要）があり，これを満たすように下位システムが分化し，相互に連関しつつ目的の達成を志向する[43]．第二に，この目的が達成されることがシステムの構造維持のための条件で

ある．システムの構成要素は，目的の達成に貢献していればその存続が保証され，貢献していなければ変化を余儀なくされる[44]．この2つの仮定は，必ずしも機能的必要が達成されることを意味していない[45]．機能的必要が達成されない場合には，システムの構造は維持されない[46]．システム構造が維持されなければ，構造が変動して，システムの新しい構造が形成される[47]．つまり，システムの変動の論理は本質的に構造機能分析の論理に内包されており，構造機能分析は変動分析にも応用できるのである[48]．

　以上に鑑み，本書は以下のように構成される．まず，第1章では廣瀬の行動システム理論の概念整理をした上で，国際慣習法化したものと理解されつつある世界人権宣言に注目し，行動者の利害そのものが制度の中に組み込まれつつある，国際社会における「人権の尊重」について検討する．普遍的なシンボル・システムとしては，国際的な合意のもとで形成された法や国際的な宣言が挙げられる．世界人権宣言を始めとする欧米文化圏発祥の人権概念が，個別の国家の利益の擁護ないし実現のためではなく，国際社会全体の理念の実現のために文化的相違を問わず受け入れられていること，しかしその一方で国際社会には多種多様な価値観が存在し，「人権の尊重」の実現を目指す多様な行動者が存在することもまた確かであることを示す．

　第2章以降では，現在普遍的とされる人権に関するヨーロッパ起源の価値からは距離があるアフリカ地域に着目する．特に第2章では，アフリカ地域におけるパン・アフリカニズムの発展を通じてOAU/AUが設立に至った経緯を分析する．この様々な段階で採択される法規範は，普遍的な国際規範と同一のものではない．これは地域的な法体系であって，アフリカ人民の特定のニーズと願望に応え，そしてパン・アフリカニズムの理想に合致したアフリカ諸国の統一と連帯に貢献するような形で，アフリカ諸国間の関係を規制するために設計されたものである[49]．しかし，地域的な法体系であっても国際社会から影響を受けていないわけではない．OAU憲章/AU設立規約が採択に至った経緯には，国際社会全体から刺激のインプットを受けてアウトプットを発信したという側面も存在する．植民地主義の影響からアフリカ諸国が他国から介入しやすい存在として扱われたという刺激や，大国のアフリカ大陸の内戦への介入と冷戦終

結後の西側諸国の民主化要求という刺激が，民主主義と「人権の尊重」を確保するための集団行動を追求する現在のAUの設立に結びついたことを示す．

　第3章では，そのように「人権の尊重」を内面化したOAU/AUが人権保障制度を形成した経緯を分析する．アフリカ地域は普遍的な規範を受容し，その上で地域特有の事情を加味した独自の人権保障メカニズムを形成した．欧米文化圏に比べキリスト教的な価値観になじみ深いとは言えないアフリカにおいて，普遍的とされる人権概念と文化的な人権概念の双方を取り入れた「人及び人民の権利に関するアフリカ憲章」（バンジュール憲章）が採択された背景や，その意義を明らかにする．

　第4章では，AUがアフリカ地域の立場から，国際社会にも妥当する可能性のある提案を行った経緯について検討する．その事例として，国際刑事裁判所（International Criminal Court: ICC）とAUの関係悪化の経緯と，それに伴うAUのアフリカ司法・人権裁判所の設立の決定及び「脱退戦略文書」の採択という行動を取りあげる．このAUの行動は，アフリカ内のみならずICCという国際機構にも作用する機能である．このAUの機能が，国際社会における規範の発展に貢献することを示す．

　本書は，「人権の尊重」と「多様性の確保」を理念として持つ国際社会において，普遍的な価値の実現と地域特有の事情の両立がいかに志向され，その際に地域国際機構がどのような役割を果たしているのかをAUを事例に明らかにすることを目的とする．本書でいう「アフリカ」あるいは「アフリカ諸国」とは，特別な言及がある場合を除き，パン・アフリカ組織であるOAU及びAU参加諸国を指す．また，主な分析対象としても，それぞれの参加諸国の行動ではなく，OAU及びAUの行動に焦点を当てる．

　OAU/AUの思想的基盤であるパン・アフリカニズムは，アフリカ諸国の独立以前から，その独立のための戦いを通じて国際社会と接触した．[50] パン・アフリカニズムは，ヨーロッパ中心の国際法の適用範囲から除外された地域としてのアフリカを集結させるものであり，外部に対する地域の統一を象徴するものである．[51] また，アフリカ諸国が独立してのちも，普遍的な国際法との関係の中で，大陸の人々の政治的，社会的，経済的願望の実現を目指すための努力は，

OAUとAUというパン・アフリカ組織を通じて行われた.[52] そのため，パン・アフリカニズムを単位として検討することは，国際社会における行動者間の齟齬に対処する際の手がかりとなるであろう.

　もっとも，OAUやAUの機能が加盟国の個々の国内においていかに作用しているかという視点も，地域国際機構が形成する制度の効果を分析するにあたっては必要である．しかし本書では，国際社会全体レベルの規範と地域的な事情の衝突が起きる際に，国際社会においてOAUやAUのような地域国際機構が果たす役割を主眼に置く．そのため，OAUやAUと加盟国との関係や，加盟国国内の人権保障の状況については本書では扱わず，今後の課題とする.

注

1 ）　本書でいう行動者とは，主として国境を超えたレベルにおける行為者のことを指す．詳しい説明は第1章で行う.

2 ）　川村・龍澤 2022: 168.

3 ）　川村 2016: 52; 川村・龍澤 2022: 168-169.

4 ）　坂本 1997: 21-22.

5 ）　川村・龍澤 2022: 169.

6 ）　坂本 1997: 22.

7 ）　坂本 1997: 22.

8 ）　高野 1983: 7.

9 ）　田畑 1991: 77-78.

10）　川村 2013: 219-220; 富田 2013: 123.

11）　高野 1983: 7-8.

12）　人権分野における「多様性の確保」は，通常，文化相対主義の観点から論じられる．この点につき，ドネリー 2007: 145や川村 2013: 219等を参照.

13）　A/CONF. 157/ASRM/8.A/CONF. 157 PC/59.

14）　龍澤 2006: 250-252.

15）　川村・龍澤 2022: 169-170.

16）　制度の詳細な定義は学者よって異なるが，文化的慣行，規範，価値，及び国際政治の論証を含み，幅広い意味を有することについては異議がない（川村・龍澤 2022: 49）．例えばヤングは，制度とは，国際社会における行動者の活動を規律する社会制度であり，社会制度とは，認識された役割を担う行動者間の関係を規律する規則または協定の束により結び付けられる役割からなる確認された慣行であるとする（Young

　　　1986: 107-108; 川村・龍澤 2022: 49).

17)　田畑 1988: 136.

18)　渡邊 2021: 31.

19)　渡邊 2021: 37-38.

20)　星野俊也 2001: 179; 山田 2018: 198.

21)　2011年にイスラム協力機構（Organisation of Islamic Cooperation: OIC）に改称.

22)　富田 2013: 143-147.

23)　廣瀬 1998など廣瀬の著作を参考. また, 詳細は本書第1章で扱う.

24)　星野俊也 2001: 183.

25)　国際公役務は国際社会の制度化（後述）を前提とする概念であり,「共同利益の実現を通じ,『人類の福祉と安寧』という理念を達成することを目的として, 複数の国家により直接的にまたは国際組織その他の制度を通じて間接的に実施されまたは管理される活動」を意味する（龍澤 1993: 232-233; 川村・龍澤 2022: 76-78).

26)　星野昭吉 2001: 238.

27)　星野昭吉 2001: 222.

28)　星野俊也 2001: 187.

29)　星野俊也 2001: 171; 渡邊 2021: 30-31. 主権国家を中心とする国際機構形成の議論については, 土山 1997などを参照.

30)　星野俊也 2001: 171.

31)　星野俊也 2001: 171.

32)　廣瀬 1998: 34.

33)　廣瀬 1998: 15.

34)　廣瀬 1998: 119-120.

35)　廣瀬 1998: 2.

36)　廣瀬 1970: 92.

37)　廣瀬 1970: 107-108.

38)　廣瀬 1998: 34.

39)　廣瀬 1998: 34-35.

40)　廣瀬 1998: 6.

41)　廣瀬 1998: 6.

42)　恒松・橋爪・志田 1981など. また, パーソンズ自身が社会変動を説明する際に構造機能分析を捨てて進化説的説明をとった（例えば, Parsons 1966）ことがこのことを決定づけた（小室 1974: 57).

43)　廣瀬 1998: 27.

44)　廣瀬 1998: 27; 小室 1974: 64.

45） 小室 1974: 64.

46） 廣瀬 1998: 27; 小室 1974: 64.

47） 小室 1974: 64-65.

48） 小室 1974: 65.

49） Yusuf 2014: 19.

50） Yusuf 2014: 13.

51） Yusuf 2014: 13.

52） Yusuf 2014: 13.

第1章
方法論としての行動システム理論

第1節　複雑システムとしての行動システム

　本書において方法論として使用する廣瀬の行動システム理論[1]の要点を簡潔に述べると，次のとおりとなる[2]．行動システム理論は，社会システム論における構造機能分析を国際社会，特に国際法の形成過程とそれによる社会制御に関する分析に応用したものである．行動システム理論では国際社会を，国際政治システムと国際法システムとが，政治（社会）による法形成と法による社会制御の過程で関連づけられている「複雑システム」であると捉える．社会システム論における構造機能分析の論理には，「システムの構成要件は，システムの目的（機能的必要）の達成に貢献していればその存続が保証され，貢献しなければ変化を余儀なくされる」という命題が存在する．同様に，国際法システムと国際政治システムにもそれぞれの目的，それを実現するための構造，そのもとでの機能（活動）が存在し，その結果は目的との関係で評価される．

　本節では，本書のテーマを分析するにあたって，行動システム理論の概念と基本的な構想を提示することとする[3]．

1．行動システム理論における行動者とシステム
（1）行動者と行動

　行動システム理論は，行動者（または行動単位），行動を分析の出発点とする．行動とは，行動者があるものをインプットされ，あるものをアウトプットすることであると考える[4]．この行動者間におけるインプット・アウトプットをそれぞれ変数として表現し，両者の対応関係を行動関数として表現する．そして，

この行動関数の集合として行動者を把握することは，行動者を相互連関過程において把握することを意味する．相互連関過程は，行動者の行動または行動を表す変数に関する制限条件の集合として，数学的には連立方程式として表される[5]．

　この相互連関過程が次の2つの条件を備えた場合に，これを均衡システムと定義する．第一に境界が確定していること，第二に確定した相互連関の型が抽出できること，である[6]．

　均衡システムの第一の条件である，境界が確定していることとは，システムの要素であるか否かを判断する明確な基準が存在することを指す．システムの要素の集合をシステムの内部とし，補集合をシステムの外部とする．外部はさらに環境と状況に分けられ，環境はシステムが動かしえないものの集合であり，状況はシステムが動かしうるものの集合である．システムは明確な基準を持った要素の集合である．そのためどこまでをシステムとし，どこからをシステムの外部として把握するかは相対的であり，研究の目的によって決まる．システムまたはその外部のいずれかが確定すれば，システムと外部の境界も確定する．なお，システムの内部に属する変数を内生変数といい，外部に属する変数を外生変数という[7]．

　均衡システムの第二の条件である，確定した相互連関の型が抽出できることとは，行動者の行動または行動を表す変数（内生変数）に関する制限条件の集合（連立方程式として表される）において，均衡条件，存在定理，安定条件の3つの要件が満たされていることを意味する[8]．かかる要件については以下のとおりである．

　まず，均衡条件が満たされている状態とは，未知数の数と方程式の数が等しいなど，制限条件の数が均衡解を一意に定めるのに充分である状態である．この条件が満たされるためには，制限条件相互の間に矛盾があってはならない．この条件が満たされれば，各行動者の行動は一意的に定まりうる．また，均衡システムであるための要件のうち均衡条件までを満たしている場合にこれを単にシステムとし，システムとその特殊ケースである均衡システムとを区別して把握する[9]．

　次に，存在定理が満たされている状態とは，均衡解が実際に存在するものであり，かつ，有意味なものである状態である．均衡条件によっては，均衡解が形式的には確定しても，有意味な範囲内では存在しないことがある．存在定理はこのような場合を排除する．[10]

　最後に，安定条件が満たされている状態とは，均衡解が安定している状態である．初期値のいかんにかかわらず均衡解に収束し，また，均衡解から離れても必ず均衡解へ戻るものである場合に，安定条件が満たされているとする．安定条件が満たされていない場合には，均衡解以外の初期値から出発すれば均衡解に達することはなく，また，均衡解にあったとしても少しの衝撃によって均衡は崩れ，均衡システムは紛争過程に陥る．均衡システムを構成する条件のうち，安定条件のみが満たされていないシステムを不安定なシステムという．[11]

　したがって，均衡システムは均衡条件だけでなく，存在定理，安定条件をも満たしている必要がある．これに対して単にシステムという場合には，与えられた相互連関過程が均衡条件さえ満たしていれば充分であるため，これが存在定理や安定条件までも満たしているかどうかは問わない．そのため，システムの論理を考察する場合には，均衡条件についてのみ検討し，存在定理や安定条件については検討しない．[12]

　存在定理及び安定条件は満たされていると仮定すれば，システムにおいては内生変数の値（均衡解）が決定される．これに対して，システムの部分集合すなわち制限条件の一部を抽出した場合には，内生変数の値は決定されるとは限らない．このような部分集合を構成要素という．構成要素のうち，内生変数の数と制限条件の数とが決定関係を保つようなもの（例えば，変数の数と制限条件の数とが同じもの）を下位システム（サブシステム）あるいは部分システムという．構成要素は，それだけで行動や行動を表す変数を決定するとは限らないが，制限条件の一種として行動決定に影響を与える．いくつかの構成要素が集まってシステムを成せば，行動を表す変数は決定される．以上のように行動者及び行動を把握すれば，それは一個の人格でありうるのはもちろん，その集団でも，国家でもありうる．[13]

（2）構造と機能

次に，システム一般の構造と機能の概念を概説する．

第一に，構造とは何か．各システムはそれぞれ目的（＝機能的必要，目標）を持ち，その目的を達成するような構造を有する．つまり構造とは，システム論の観点では，行動者の行動や行動を表す変数に関する制限条件の集合であり，この制限条件の特徴すなわち行動の仕方や行動者間の結びつき方を表す関数の集合のことである．システムが置かれる環境や状況によって，行動者はその構造の許す範囲内で，システムの目的が達成されるよう行動を選択する．そして，それに応じてシステムの状態が決まり，システムは環境や状況に適応する[14]．

システムは複数の下位システムによって構成される．これは，システムの機能的必要を満たすためにシステム分化が行われるためである．つまり，システム内で下位システムが分化し，その下位システムが相互連関しつつ機能することによって，上位システムの機能的必要を満たすのである．加えて，全体としての上位システムと個としての下位システムも相互連関関係にあり，各システムの構造が維持されるためにはその機能的必要が達成されなければならない[15]．

システムは，その相互作用の過程を個々の行動者に分割することのできない1つの単位として把握される．さらに，そのシステムが外部に対して働きかける場合には，より上位のシステムにおける行動者としても把握しうる．行動者は，上位システムからはその内部はブラックボックスとされ，行動者自体を分析する際には行動者を単一のシステムとして捉える[16]．

第二に，機能とは何か．システムの目的は，その構造のもとに他の行動者とインプット・アウトプットを交換すること（＝行動）によって達成される[17]．この時，システムは外生変数のある値をインプットされ，内生変数を通じて何らかのものをアウトプットする行動者として把握される[18]．

したがって機能とは，システムを行動者としてみた場合に，そのアウトプットとして出てきた変数の値の「ある状態」（機能的必要）のことである．このように考えれば，機能的必要がシステムを構成する各メンバーに意識されている場合とされていない場合を同時に考察することができる．後者の場合には，機能的必要はシステムにおける相互連関メカニズムによって自動的に達成される

と考えられ，前者の場合は目的論的に，1つのシステムまたはそのメンバーは
その構造を維持するために，その機能的必要を達成すべく行動すると考えら
れる[19]．

　では，2つ以上のシステムまたは構成要素の間の機能的関係はどのようなも
のか．ここでは仮に，2つのシステム，AとBの間の関係に話を限定する．シ
ステムAは，その構造を維持するために何らかの行動をする．この行動は環
境や状況のもとに行われる．この環境ないし状況から別のシステムBを抽出し，
これをシステムAとは別の行動者として把握する．この時，システムAの行
動は，システムBとの相互連関によって，つまりシステムBからインプットを
受け取り，それに対してアウトプットを与えることによって，行われる．これ
をシステムAとBの間の機能連関という．システムAとシステムBの機能連関
は，システムAの目的達成に貢献すると同時に，システムBの目的達成にも貢
献する．この場合には，機能という言葉に2つの意味がある．システムAを
中心にして考えれば，システムAのシステムBに対する機能と，システムA
に対するシステムBの機能である[20]．

　以上のとおり，構造と機能それぞれの概念を概観してきたが，構造と機能の
関係はいかなるものであろうか．このことに関して，これまでに述べたことを
要約すると，次のとおりとなる．システムには目的（機能的必要）があり，その
目的を達成するような構造がある．その構造を制限条件として，下位システム
（場合によっては上位システム，同位システム）が相互に機能連関する（行動する）こ
とにより，目的が達成され，構造も維持される．目的が達成されなければ，機
能の仕方（内生変数，行動の仕方）が自律的に変化することによって，目的の達
成を志向する．ただし，これはシステムの外部に対する適応の1つにすぎない．
より大きな変化が必要となる場合，つまり機能の仕方の変化によっても目的が
達成されない場合には，システムは構造そのもの（機能あるいは行動の仕方そのも
のを決める関数型）の変化を余儀なくされる．このような構造と機能の動的な関
係を構造機能連関という．1つのシステムについてその構造と機能を同時に考
察すると，構造はより動きにくいものとして把握され，機能は相手との関係で
変化するものとして把握される[21]．

　また，システムの機能連関と構造機能連関という特徴から，2つのシステムの間には構造上の連関も存在することが導き出される．これを構造連関という．2つのシステムが機能連関にある場合には，一方の構造変化は構造機能連関によって機能変化を生み，機能連関を通して他方の機能連関をもたらす．この機能変化は再び構造機能連関によって構造変化をもたらす．すなわち，機能連関にある2つのシステムないし構成要素は同時に構造連関を伴う．裏を返せば，構造連関は同時に機能連関を伴うのである[22]．

2．行動システムの諸要素

　前項で既述したように，システムとは互いにインプット・アウトプットを交換しあう行動者の集合であった．そこでは，行動者が何をインプットされ何をアウトプットするかが重要な事柄となる．行動システム理論においては，いかなる行動の相互連関過程であるかに従って，それぞれにシステムを定義可能であるとみなす[23]．すなわち，行動の相互連関及びシステムを，その性質に基づき，①利害行動，②役割期待行動，③シンボル行動と，それに対応するシステムに分けることが可能なのである[24]．

　行動システム理論では，行動システムの諸要素である3つの行動と，それに対応するシステムが次のとおり定義される．第一に，無限に複雑な行動の中から，行動者自身の利害に基づく行動（利害行動）の相互連関過程を抽出できる場合に，これは利害システムと定義される．第二に，役割期待に基づく行動（役割期待行動）の相互連関過程を抽出できる場合に，これは役割システムと定義される．第三に，人間ないし国家の行動，及び社会関係ないし国際関係は，象徴化の過程を経てシンボルとなるが，このシンボルに統制された行動（シンボル行動）の相互連関過程を抽出できる場合に，これはシンボル・システムと定義される[25]．

　行動システム理論においては，現実の社会はこれらの3つの下位システムの相互連関からなる行動システムとして捉えられ，それゆえ同一の対象を利害システムとみることも，役割システムとみることも，シンボル・システムとみることも可能となる．いずれのシステムに該当するかは，対象自体の性質によっ

てではなく，研究の目的に応じて着目する側面によって判断される．加えて，これらのシステムはどれも構造と機能を持つため，利害システム，役割システム，シンボル・システムのそれぞれの側面に応じて，その構造と機能を考察できる．これは行動システムについても同様である．行動システムの構造は利害システム，役割システム，シンボル・システムの3つの下位システムの相互の結びつき方であり，機能はこれらをとおして行われるシステムの働きである[26]．

　このような考え方のもとに再構成されたものが廣瀬の行動システム理論における構造機能分析である．行動システム理論はパーソンズ理論から着想を得たものであるが[27]，より抽象的かつ一般的な分析枠組として再構成されることによって，特定のシステムの分析を意図するのではなく，あらゆる社会現象に適用可能なものとなった[28]．すなわち，国家を基礎とする全体社会を分析するために作られた構造機能分析は，廣瀬によって国際社会及び国際法現象をも分析することのできるツールとなったのである[29]．

　では，行動システムの下位システムである利害システム，役割システム，シンボル・システムはそれぞれいかなるものか．以下のとおり，説明していく．

（1）利害システム

　国際社会は，行動者の利害行動の相互連関過程が抽出できた場合に，利害システムとして把握される．利害行動とは，自己の存続を利益ないし利害と考え，これを達成することを目的とする．利害行動の相互連関のシステムを利害システムと呼び，利害システムは「強者の理」のようなそれ自身の論理か，後述する役割システムやシンボル・システムの介入によってもたらされる均衡状態という形で維持される[30]．

　例えば，国家を行動者とした場合，次のとおりとなる．国際社会において，各国は自国の国益を追求する行動をとる．また，国家は他の国家との関係の中で行動する．他の国家も同様に，まずは国益行動をとるであろう．したがって，それぞれに国家利益の実現を目指して他の行動者との関係を持つことになる．このような国家間関係は，国家利益のぶつかり合う関係である．その結果，利害システムの内部においては行動者間の関係は力を背景にした関係となり，

ホッブズが指摘するところの「自然状態」となる[31].

　利害の追求によって行動者間に紛争が生じた場合，利害行動の相互連関が，「強者の理」によって自動的に均衡状態をもたらす場合と，特定の条件すなわち与件のもとで，あたかも「神の見えざる手」によって自動的に均衡と安定をもたらす場合とがある．国際的な紛争の場合，前者としては，武力による威嚇などの手段により相手を極限にまで追い込むという方法が考えられる．これは利害過程に内在的な紛争解決であり，いわゆる紛争の強制的解決に当たる．これに対して，与件としての他のシステム（役割システムやシンボル・システム）の介入によって紛争が解決することもある．例えば，既存の法の適用や，あるいは新しい法の形成によって，一定の利害配分が決まる場合である．いわゆる紛争の平和的解決である[32]．

（2）役割システム

　集団の中に存在する行動者は，行動者自身の利害の達成のみを動機として行動をするのではない．行動者が所属する全体としてのシステムの目的を達成するために期待される行動を役割期待行動といい，その相互連関関係を役割システムと呼ぶ[33]．

　国際社会においてもそれは同様であり，国際社会における各行動者の無限に複雑な行動の中から役割期待行動のみを抽出した場合に，それらの相互連関を役割システムとして把握する[34]．それを国際共同体と呼び，のちに述べる共同利益の達成を目指す1つの役割システムとして把握する[35]．このことを踏まえて，本書では，共同利益の達成を目指す役割システムとして国際社会に言及する際は「国際共同体」と呼び，それ以外の場合は「国際社会」とする．

　役割システムの機能的必要は，各行動者の分業と協働すなわち役割分化のメカニズムを通して達成される．これを社会過程または役割過程という．この役割分化の様式が定式化した場合に，これを規範的な意味で役割期待と定義する．役割期待の集合が役割システムの構造である[36]．

　役割システムの機能的必要が達成された時，役割システムは均衡状態にあり，役割システムの構造は維持される．役割システムの構造が維持されるためには，

各行動者は，役割期待の命ずる行動（役割期待行動）をしなければならない．ただし，各役割を占める行動者の実際の行動（これを役割行動，一般には単に行動という）には，利害行動が混入しているために，役割期待行動と一致する場合と一致しない場合とがある．[37]

　また，役割期待は必ずしも正当性を持っていない．行動者にとっての主観的な役割期待とこれに対する客観的な役割期待とが一致せず，かつ，それが現実の主張となって現れた場合に，役割過程における均衡システムは崩れ，紛争過程に陥る．この場合には，役割過程において内在的に紛争が解決されることはない．紛争解決のためには，役割期待が相互連関過程から独立して社会的事実[38]となり，正当性根拠を得，そしてその内容が特定されることが必要となる．しかるべき内容を持つ法が存在すればそれによって，存在しなければそのような法を新たに形成することによって，役割期待の内容が明確にされ，紛争は解決される．[39]

　加えて，行動システム理論においては，社会における行動者の相互連関について，直接的相互連関と間接的相互連関の2つが提示され，以下のようなものとされている．直接的相互連関の社会は，行動者の利害によって動機づけられた行為の総和であるとされ，この社会では利害システムが強調される．対して，間接的相互連関の社会においては役割システムが強調され，社会全体としての相互連関は行動者の基本的な関係の集積ではないとされる．間接的相互連関では，相互連関過程ないし行動様式はいわゆる社会的事実であることが多く，行動者はそれに影響を受ける．[40]

（3）シンボル・システム

①シンボル・システムの基本的性格

　直接的相互連関，間接的相互連関という型によって強調される側面の違いはあるが，現実社会において個の論理である利害行動と，全体としての集団から期待される役割期待行動は相互連関関係にある．では，いかに両者は連関するのか．この解として，行動システムの第三の要素の，利害システムと役割システムを媒介する機能を持つシンボル・システムの存在が挙げられる．

　シンボルとは，文化，伝統，規範，価値システム（イデオロギーを含む），知識などを指す．そのシンボルによって統制された行動を，シンボル行動という[41]．シンボルは，利害や役割といった実態としての現実からは切り離され，実態を表示・伝達し，シンボル・システムという独自の体系を作る[42]．また，シンボルには「伝達手段」としての特徴と，具体的に把握される「意味」を持つという特徴とがあり，両者は機能的に相互に連関している[43]．そこで以下では，「伝達手段」と「意味」について概観する．

　第一に，意味の「伝達手段」としての特徴は，象徴化の過程を通じて得られる．象徴化の過程とは，抽象化，一般化，組織化という一連のプロセスからなる．抽象化とは，現実の無限の多様性の中から同一のものを抽出することである．それは同一であるための判定基準を前提として行われるため，この判定基準を媒介に，その対象は無限に一般化される．それゆえ，現実からの抽象化は一般化を生み，一般化された原則は固有の法則に従って独自の論理を展開しつつ，さらに一般化されたより高次の原理を生み，それが今度は逆に，一般化された諸原理を統一的に組織化するようになる．このような過程を経て現実から象徴化されるシンボルは，また逆に現実を認識し，再構成し，そして伝達するという形で現実に働きかける．現実はシンボルの媒介を経て初めて認識され，再構成され，伝達される．象徴化の過程は，このようなシンボルと現実との間の相互連関過程である[44]．

　第二に，シンボルは必ず何らかの具体的な「意味」を持ち，社会統制の手段として機能する．シンボルは，象徴化の過程を経て形成され，それゆえにいかに抽象的かつ一般的になろうとも，何らかの具体的な「意味」を持ちこれを伝播する．この「意味」によって，あるいはこの「意味」と同一視されることによって，シンボルは行動者またはシステムの目的の表示となる場合がある．すなわち，シンボルそれ自体がある種の行動を惹起することがある[45]．

②利害システムと役割システムを媒介するシンボル・システムとその作用

　では，そのシンボル・システムは，いかに利害システムと役割システムと媒介するのか．この点につき，行動システム理論においては，先に述べた社会の

相互連関の型による違いとともに，社会化の過程と社会制御の過程の二方向から言及される.

　まず，社会化の過程とは，利害システムから役割システムへの媒介過程を指す. 直接的相互連関をする社会では，各行動者の利害対立から直接システム全体の機能的必要が共通利益として形成され，役割分化も自動的になされる. 間接的相互連関の社会では，行動者の相互作用が繰り返し行われた結果，その行動様式がシンボル・システムを形成するようになり，さらにはそのシンボル・システムが行動者の間接的相互連関を媒介するようになる[46].

　次に，役割システムから利害システムの媒介過程である社会制御では，役割期待が内面化され行動者の動機の一部となる必要がある. 直接的相互連関においては，共通利益や役割期待は行動者によって自明のものであるため，役割期待は必ずしも独立のシンボル・システムによって保障される必要はない. 対して，間接的相互連関の社会では社会全体の利益や役割期待は自明であるとは言えない. 各行動者がその内容を知っているとは限らず，そのため役割期待は各行動者に自動的に実現されるわけではない. そこで，役割期待の内容がシンボル・システムによって表示される必要が生じる[47].

　シンボル化されることによって，役割期待は安定性と明確性が高められる. それゆえ役割期待は，シンボル（特に法）にまで昇華することによって，制限条件としての機能をより高められる[48]. ただし，法システムといえども必ずしも完全ではなく，均衡条件，存在定理，安定条件は必ずしも満たされていない[49]. かかる条件が満たされていない状況において生じる法システム上の紛争は，司法過程と立法過程の2通りが存在する. 紛争の動的過程において紛争発生以前の法に収束する過程が司法過程であり，新しい法に収束する過程が立法過程である[50]. それゆえ司法過程であるか立法過程であるかは，紛争の前後において法が同一であるか異なるかによって識別できる[51]. 均衡条件，存在定理，安定条件が成立している場合には，紛争は起こりえないか，起こったとしても所与の法の下での司法過程によって紛争は法的過程内在的に解決される[52]. 外生変数の変動によって撹乱が生じても，それはシステムに吸収されて元の均衡値に戻る[53]. 均衡値そのものは元の均衡値と同一でなくても，法そのものは変わらない. 撹

乱が吸収される過程，または旧均衡値から新均衡値に至る過程が司法過程であり，このような紛争過程においては法は変化しない[54].

　しかし，均衡条件，存在定理，安定条件のうちのいずれかが成立せずして起こった紛争の場合には，所与の法による司法過程での紛争解決はありえず，立法過程によって解決されざるを得ない．つまり，法の論理構造そのものの変化が余儀なくされるのである．仮に均衡条件が満たされないために紛争が生じた場合には，包括的かつ無矛盾な法を定立して均衡条件を満たすことが求められる．他方，存在定理が満たされず起こった紛争は，所与の法の命ずるところに従って解決しようとしても無意味であり，有意味な解がもたらされるように法が改正される必要がある．また，安定条件が満たされずして起こった紛争については，次のとおり，状況に応じ対処法が求められる．①システム自体が不安定な場合には，わずかの衝撃によってでも紛争が生じるかあるいは継続されるため，安定条件を満たすべく法が改正されなければならない．②システム自体は安定であるが，その安定性を破壊するほどの与件すなわち外生変数の変動によって到達した新均衡価値のもとでは，所与の法は社会の機能的必要あるいは両当事者の要請に対応しえないことがある．この場合に法は，社会の機能的必要を満たし，また両当事者を満足させるべく改正されなければならない[55].

　立法過程には，以上のような法の改正の他に，新法の形成あるいは旧法に新しい法が追加された場合も含まれる．すなわち，以前は社会の自動統制メカニズムなどによって，法が存在せずとも統制が完全に行われたものの，与件の変動により自動統制メカニズムが機能し得なくなり，法の定立が要請されるようになったような場合である．これもまた制限条件の構造変化の一種である[56].

③シンボルとしての「利益」概念，そして共同利益としての「人権の尊重」

　ここで，行動者間の直接的相互連関を通じて形成される「共通利益」とは，いかなるものであろうか．共通利益とは，個別利益の総和，または個別利益と全体の利益との間に直接の対応がつく集団全体の利益のことである．すなわち，直接的相互連関の過程で行動者の直接の話し合いによる利害の調整によって形成されるものである．一方，間接的相互連関の過程では一般利益が形成される．

一般利益とは，全体の利益であるとみなされるものが必ずしも個別利益の総和ではなく，また，全体の利益と個別利益との間に直接の対応関係もないが，にもかかわらず，個々の行動者に全体の利益として認知され，行動者の行動に影響を与えるものである[57]．

　共通利益や一般利益と並んで，「共同利益」という言葉が用いられることがある．現代の国際社会を分析対象とする際には，共同利益が適切であろう．一般利益は，社会の個々の構成員の利益とは区別される社会全体の抽象化された利益であり，何が一般利益であるかを決定するのは厳正で公正なる第三者（機関）が必要となる[58]．すなわち，一般利益は国家という枠内でのみ具体化することが可能な概念であり，超国家的機関の存在しない国際社会においては認められない[59]．また，共通利益の「共通」という言葉は，ただ単に構成員に共通している利益という意味合いが強調される．加えて，伝統的な国際関係，すなわち，より直接的相互連関の側面が強く，より関係的であった以前の国際社会は，自国の利益の追求に専念する国家で構成されており，必要に応じてその時々に関係を確立するものであった[60]．それはつまり，「場あたり的」な関係であり，一度国家間で構成された共通利益とされるものも一国の政策が変わってしまうと共通ではなくなってしまう可能性がある．共通利益は不安定で，恒久的ではなく，時間的にかなり限定されるものである．一方，共同利益は，安定しており，ある程度恒久的な利益である．現代の制度化が進む国際社会においては，自己の利益ではないが，それが社会の一般的な利益であると認められるということを，当該利益が直接関係しない国も認めることがある[61]．共同利益は，自国の利益に優先されるべき性質のものである[62]．

　かかる利益概念に関し，R. J. デュピュイ（René Jean Dupuy）は次のとおり述べている．産業革命以前の国際社会は，①権力の分散，②権力の絶対性，③権力の暴力性に特徴づけられ，次のように説明される[63]．権力が国家間で分散し，国際法の主体は基本的には国家のみであり（①），国際法の法源たる慣習法または条約に参加しない場合には，その義務を課せられず（②），国家のみが国内及び国際社会において，自己の価値や利益の獲得を目的とするものを含む行為を正当化することのできる合法的な力を行使することができる（③）社会で

あったが，産業革命を契機に，国際社会は制度的な側面を強めるようになった．特に現代では，地球的規模で政治・経済・社会空間が広がり，また国家間の緊密な相互依存関係空間の形成によって，国家は以前のように単独で行動を取っていたでは自己の利益を達成することができなくなっている[64]．

　デュピュイが述べるところによれば，そのように制度化された国際社会は，①権力の集中，②権力の制約，③権力の抑止という特徴を持ち，それについては次のように説明される[65]．国家間の連帯により，国家は制度の目標の実現に必要な権限を制度の機関に付与し（①），また，制度の目標の実現のために，制度内の機関が制度に付与された権限の枠内で行う決定及び管理に従う（②）．つまり，制度内では紛争の解決に関する国家の自由裁量権は抑えられることになり，国家は所定の手続きに従うことを要求される（③）．地域国際機構が必要とされてきたのも，そのような潮流の中においてであった．すなわちグローバル政治の展開の中で，他国，他地域，他の非国家主体からの影響力の浸透とその増大，単独の国家としての地位・機能の低下，その自立性の低下が進む中で，国民国家は地域国際機構として，地域全体的にまとまることで国民国家の価値や利益を実現する能力の低下や脆弱性を補償しようとしてきたのである[66]．

　「人権の尊重」は，まさにメカニズムないし組織としての制度によって保護されるべき共同利益の１つである．人権は，個人が，人類に属するという事実にのみ基づいて，すべての人が平等に持つ権利である．国際共同体を構成する各行動者は，このような人権の重要性を否定していない．世界人権宣言や国際人権規約，国連憲章といった人権保障の枠組みは，個別の国家の利益の実現のためではなく，国際共同体全体の理念の実現のために文化的相違を問わず受け入れられている．したがって，今日の国際共同体において，「人権の尊重」は共同利益であることは疑いようがない[67]．

　④シンボル・システムのレベルにおける相違——単一社会と複合社会——

　シンボル・システムの話に戻すと，行動システム理論では当該システムに関し，その形成に着目して，単一社会と複合社会という分析概念を踏まえ，次のように述べられる．社会において形成されるシンボル・システムは，１つとは

限らない．一般的には複数の部分シンボル・システムが形成され，それぞれが
固有の組織化の原理を備えている．これらの異なる組織化の原理を持つ複数の
部分シンボル・システムが，1つの社会の中で矛盾しつつ併存する場合がある．
これを複合社会と呼ぶ．それに対して，組織化の原理がさらに一般化され，そ
こに高次の組織化の原理が生まれることがある．この時，高次の組織化の原理
によって形成される一般的シンボル・システムの中に，部分シンボル・システ
ムが統一的に位置づけられる場合がある．このような一般的シンボル・システ
ムが存在する社会を単一社会と呼ぶ．⁶⁸⁾

　単一社会においては，一般的シンボル・システムを媒介とすることによって，
価値システムは斉一的なものとなる．なぜなら，複数の価値基準があったとし
ても，これらは一般的な基準のもとに統合され，1つのシステムを形成するか
らである．また，一般的シンボル・システムを媒介とする一般的コミュニケー
ション様式が存在するため，コミュニケーションも一意的に行われる．それゆ
え各メンバーの正当性意識，価値判断様式，選好様式は斉一であり，正当性と
の連関は直接的であり疑われることがない．⁶⁹⁾

　これに対して複合社会においては，複数の部分シンボル・システムが，より
高次の一般的シンボル・システムの存在なしに併存している．したがって，い
ずれの部分シンボル・システムに統合されるかによって，コミュニケーション
様式，価値システムなどが異なり，各メンバーの正当性意識，価値判断様式，
選好様式も異なる．正当性の基準も部分システムごとに異なるため，ある基準
の元では否定される行動が別の基準のもとでは承認されることがありうる．こ
れにより，各メンバーは都合に応じて任意の「正当性」を選び，自己の行動の
理由づけることも可能となる．⁷⁰⁾

　加えて，単一社会と複合社会のシンボル・システムの相違は，利害システム
及び役割システムにおいても相違を導き出す．行動システム理論の構造連関か
ら明らかなように，シンボル・システムと，利害システム及び役割システムの
構造は相互に連関するためである．⁷¹⁾

　役割システムの相違は，役割複合という現象の意味の違いによって現れる．
単一社会にせよ複合社会にせよ，役割システムはいずれも複数の部分役割シス

テムの集合として把握される．通常１つの社会には多くの部分役割システムが複合的に存在し，それぞれがいくつかの機能的必要を達成することを求められる．これらの機能的必要は，各行動者に分担されることによって達成される．それゆえ，各行動者は同一の社会においていくつかの異なった部分役割システムに属し，それぞれにおいて役割を占めることによって，いくつかの役割を複合的に兼任することがある．また，同一の社会の同一の部分役割システムに属する場合でも，いくつかの異なった機能的必要を達成すべくそれぞれに応じて分化された役割を割り当てられることによって，いくつかの役割を複合的に兼任することがある．いずれの場合にも，いくつかの役割を複合的に兼任することを役割複合と呼ぶ[72]．

この役割複合が生じた際，単一社会においては，一般的シンボル・システムを媒介とする組織原理が存在するために，複数の役割相互間に統一的なヒエラルキーが成立する．関連のある役割が集まって機能的下位システムを形成し（機能分化），もし役割間に矛盾があったとしても一般的シンボルのもとに解消され，１つのシステムを形成する．それゆえ，単一社会では同一行動者がいくつかの役割を複合的に兼任しても役割の衝突は起こらない．これに対して複合社会においては，一般的シンボル・システムを媒介とする組織原理が存在しないために，複数の役割相互の関係は一意的には決まらず，矛盾は解消されない．役割相互の間に矛盾がある場合にはシステムは形成されないため，機能分化も自動的には起こらず，役割の衝突が起こる可能性が高い[73]．

利害システムの相違は，単一社会では利害の対立は一元的であり，かつ，分化されることがないのに対して，複合社会では多元的であり，かつ，分化している点に現れる．単一社会においては，一般的シンボル・システムにおける組織原理が，社会財[74]の評価基準や価値尺度の役割を果たすため，利害の対立は一元的となる．これに対して複合社会においては，複数の部分シンボル・システムが併存するため，多数の社会財の間の評価基準ないし価値尺度も複数存在し，利害の対立は多元的となる．また，多数の社会財間の一般的な交換手段も存在しないため，各社会財に関する利害対立は，各メンバーの選好様式の相違に応じて異なる．すなわち，ある社会財に関しては利害が対立し，他の社会財に関

しては利害を共通にするという利害対立の分化が起こる．さらに，利害対立に対応するシンボルもまた多様であり，このことがさらに利害対立の多様化を促進する結果，利害対立がそのまま社会全体における対立となることはなく，個々の部分システムにおける部分的な対立にとどまる傾向がある[75]．

⑤国際的な文脈におけるシンボル・システム

利害システム，役割システム，シンボル・システムの3つの下位システムを統合する行動システムのレベルにおいても構造は連関する．単一社会と複合社会の相違は，単一社会においては各メンバーの行動は基本的には斉一であるのに対して，複合社会においては斉一ではないことである．国際社会を例に単一社会と複合社会を比較すると，19世紀から20世紀の国際法社会の構造変動以前は単一社会に近く，以後は複合社会に近いとされる．古典的ヨーロッパ国際法社会においては，対立する主権国家の前提として，「ヨーロッパは1つである」という一般的シンボル・システムが存在していた．この一般的シンボル・システムによる組織原理のもとに，行動者の価値判断様式，正当性意識は斉一であった．役割システムにおける役割複合から生じる規範や法の衝突はほとんど見られなかった．利害の対立も同一の評価基準に換算され，複雑な役割複合と固定的に結びついていることはなかった[76]．

このような古典的ヨーロッパ国際法の社会的条件は，現代国際法社会においては根本的に変化した．社会主義諸国の成立やアジア・アフリカ諸国の独立によって，異なる価値システムを持つ国家群が成立し，国際法社会には多くの下位シンボル・システムが形成されることになった．行動者がいずれの下位シンボル・システムに属しているかによって価値判断様式，正当性意識は異なるため，規範ないし法の衝突は不可避である．役割システムにおいても複雑な役割の衝突が生じるが，これらを調整する共通の法システムないし価値システムが存在しないために，かえって法の衝突がこの役割の衝突と結びついて，行動者の行動に複雑な影響を与える[77]．

そのような複合社会的な側面を強める国際社会に存在する行動者自身も複雑なシステムである[78]．国家はそれを構成する人民の利益を，国際機構（後に述べ

るように，特に地域国際機構）は，それを構成する国家の利益を最大化する役割を期待される．一方でそのような行動者は，それを構成する下位システムとしての行動者間の関係において妥当する規範を作るなどして，国際共同体の一般的シンボル・システムの機能的必要の達成への貢献を要求される場合もある．これらの複数の役割システムに属することによって課せられる役割期待は，時に矛盾することがある[79]．つまり，利害の対立についても多元的となり，行動者は下位システムとしての行動者には国際共同体の一般的シンボル・システムを遵守することを求め，国際共同体には下位システムとしての行動者の価値を認めることを要求する．このように多元的であり時には矛盾する下位システムを持つ行動者は，それでも分裂することなく1つの行動者であり続ける[80]．これは行動者が，独自のシンボルを形成し，複合社会の中で依拠するシンボルを自らの意思で操作することによって「正当性」を選び，自らの行動を理由づけているために可能となるのである[81]．

第2節　行動システム理論から見た国際社会

1．国際的なシンボル・システムとされる人権規範

　前節で述べたとおり，現代では多様な価値システムを持つ行動者が存在し，国際社会は複合社会の側面を強めたことは確かだが，一方で一般的シンボル・システムが存在することもまた確かである．以下では，「人権の尊重」を事例にそれを明らかにする．間接的相互連関を促進させ，制度的であろうとする国際社会において，現在普遍的であるとされるヨーロッパ発祥の人権は，どのようにして受け入れられていったのか．

　近代的な意味での人権概念は，ヨーロッパ社会においてキリスト教思想の影響を受けて成立し，その後自然法思想や啓蒙思想との関係の中で変化しつつ育まれた[82]．その意味で人権はヨーロッパ由来である．人権は，1215年のイギリスにおいて王権の制限と貴族の権利を確認したマグナ・カルタに始まり，権利請願（1628年），権利章典（1689年）を経て発展してきた．さらには，臣民の権利という概念を超えて，人が誰しも生まれながらに平等に有する権利であるという

人権の概念は，17世紀から18世紀にかけての西洋啓蒙思想の中で育まれ，1776年のアメリカ独立宣言と1789年のフランス人権宣言によって公式に表明された[83]．アメリカ独立宣言では，すべての人間の平等，生命・自由・幸福追求の権利とこれが作られるための政府を宣言した．また，フランス人権宣言すなわち「人間及び市民の権利宣言」は，平等（第1条），自由や所有権等の基本的権利（第2条），人民主権＝主権在民（第3条）などの人間の諸権利に関する原則を定めた．なおここにいう「人間」とは自然状態における個人を，「市民」は社会契約によって形成された政治社会のメンバーとなる自律的個人を指しているとされている[84]．人権は，この段階では，主として国家の不作為を求める消極的な権利であるとされ，自由と平等の概念中心の今日の「第一世代の人権」の基盤となるものであった[85]．

　これに対し，今日において社会的・経済的権利と呼ばれる，主として国家の作為を求める積極的な権利を含む「第二世代の人権」が認められるのは，第一次世界大戦後，1919年のドイツのワイマール憲法によってであった[86]．ただし，「第一世代の人権」も「第二世代の人権」も，当初は各国の事情に応じて国内的に発展してきたものであり，すぐに国際的に共有されるような人権概念が成立したわけではなかった．このような人権が国際社会に拡大されるにあたっては，世界人権宣言の採択を待たねばならなかったのである[87]．

　第二次世界大戦中，枢軸国によって極端な人権侵害が行われたことから，人権を国内で保障するだけでは不十分であり，国際的に保障する必要性が認識された．それに加えて，大西洋憲章で「恐怖及び欠乏からの解放」と「生命を全うすることを保証するような平和の確立」を戦争目的に掲げた連合国が戦後の世界秩序を形成したことから，人民の自決権，経済的・社会的な発展，差別の解消などを含む人権及び基本的自由の尊重に関する問題への対処を国連活動対象とすることが1945年の国連憲章に明記された．しかし，国連憲章は，人権と基本的自由について定義していなかったため，その点を補うことを目的として国連総会決議として採択されたのが世界人権宣言（1948年）である[88]．

　世界人権宣言は，その前文に記載されているとおり「すべての人民とすべての国とが達成すべき共通の基準[89]」を示したものである．宣言は，人間の尊厳を

規定している第1条と第2条,「第一世代の人権」について述べる第3条から第19条,「第二世代の人権」の第20条から第26条,脱植民地時代に主張された集団の民族的連帯に関連する権利である「第三世代の人権」についての第27条と第28条を含む,前文と全30か条からなっており,基本的人権の概念の集大成であるといえる[90]. また,宣言はその後様々な機会に援用されており,その後の国際的な人権保障体制の展開の出発点であるということができる[91]. ただし,この宣言は条約ではなく,当初は採択した国々に法的な義務を課す意図はなかった.

　しかし今日では,世界人権宣言の内容は,「人権の尊重」を示すシンボル・システムの一部となっているといえる. 現代の国際社会は,行動者たちが自己の利益を追求して直接にぶつかり合う直接的相互連関の存在も見過ごせないものの,グローバル化が進み,行動者が共通の目的を有する時,間接的相互連関の存在を否定することはできない. 加えて,そのような間接的相互連関の国際社会において,国際機構のような組織は重要な役割を果たす. 国連をはじめとした国際機構を通じてのシンボル・システムの形成が行われる現代において,国家は自己の意見を少数の関係国のみに主張するのではなく,国際機構を通じてより多くの行動者に広く伝え,それについての反応を直ちに知ることができるようになった[92]. つまり,国際機構という役割システムによって,シンボル・システムの形成は容易になり,また促進されている. 国際共同体の連帯の中で,理念や共同利益といったシンボル・システムを持ち,その達成を志向する国際機構が形成され,これを媒介にして国家間に間接的相互連関が行われている[93]. そして,国連やその加盟国によって,個別の国家の利益の擁護ないし実現のためではなく,人類の福祉及び安寧という国際社会全体の理念の実現のため[94],シンボルである世界人権宣言が国際共同体の中で広く受け入れられるまでに至った. 各国家は,文化的に明らかに異なる立場にあるにもかかわらず,世界人権宣言を共通の基準として受け入れたのである[95].

　世界人権宣言の内容の一部が国際共同体を拘束するシンボル・システムとして実行された例として,「植民地諸国,諸人民に対する独立付与に関する宣言」(植民地独立付与宣言)(1960年)が挙げられる. 世界人権宣言が採択された1948年当時は,ヨーロッパ由来の個人の権利という側面を重視しており,人権は国家

から独立しているものと考えられていた．そのため，人民の自決の原則は，「人民の同権及び自決の原則の尊重に基礎をおく諸国間の平和的且つ友好的関係」(第1条2項，第55条) という規定で，国連憲章には控えめにしか規定されていない．しかし，1950年代末に，アジア・アフリカ諸国の国連への加盟や植民地解放運動などの結果，人民の集団としての人権が注目されるようになり採択に至った[96]．

　植民地独立付与宣言はその第7項において，「すべての国は，平等，あらゆる国の国内問題への不干与，並びにすべての人民の主権的権利及び領土保全の尊重を基礎とする，国際連合憲章，世界人権宣言，及び本宣言の諸条項を誠実かつ厳格に遵守する」と規定する．ただし，この宣言も世界人権宣言と同様，法的な拘束力は持たない．しかし他方で，植民地独立付与宣言の採択後，国連総会は，非自治地域の人民が自決と独立への権利を完全に行使できるようにあらゆる必要措置をとるよう加盟国に要請してきた．その結果，およそ60の旧植民地が独立，主権国家として国連に加盟した．これは，「人権の尊重」を達成すべき理念の1つとする国連という組織の権威の下で，旧植民地国が自己の主張をした結果，それを多数のメンバーに知らしめ，極めて短時間に行動者の役割分配，役割期待行動の遂行様式等が形成された事例であり，国際共同体の構成員が共同利益を意識していたために可能となったのである[97]．

　世界人権宣言は宣言として採択されていることから，元々は強い拘束力を持つものではなかった．しかし，国際共同体において人権に関する最も有名な国際文書の1つであり[98]，かつ，現在ではその内容は国際慣習法と理解されつつある[99]．すなわち，その内容は部分的に国際共同体を構成する諸国家に影響を与えるシンボルとして機能してきたものといえる．また，戦後国連の重要な任務かつ成果の1つは，各国における「人権の尊重」の助長・促進と，人権状況改善のための援助と協力である[100]．制度化されつつある社会の中で，国際機構という組織を通じて，「人権の尊重」という共同利益の達成が志向されている．

　このように国際社会における行動者は共同利益を意識しているが，その実現の仕方にあたっては，様々なシンボル・システムが含まれることから，各シンボル・システム間の関係が問われることとなる．例えば，既に述べたとおり現

代においては「多様性の確保」,「民主主義」,「法の支配」,「人権の尊重」,「経済的・社会的正義の実現」の5つを基本原理とするグローバリズムが進展しているところ,「多様性の確保」と「人権の尊重」,「民主主義」等の共通の価値の普遍化の間で,常にパラドックスが生じることとなる.国際社会は一般的シンボル・システムや組織を用いて単一社会的になろうとする側面はあるが,多種多様な価値観が存在するのも確かである.特に,「人権の尊重」の分析をするにあたっては,普遍的なシンボル・システムと,文化相対的なシンボル・システム,さらには両者の側面を持つシンボル・システムの間の相互連関関係は無視することができない.

　人権概念については2つの立場が存在する.人権を普遍的あるいは個人主義的な視点から理解するものと,文化相対主義の視点から人権を評価するものである.普遍主義者,個人主義者によると,人権は普遍的であり,人間の自律的,個人的な特質を反映していると論じられている.それに対し,文化相対主義によると,人権は本質的には道徳的相対主義の理論において漠然と基礎づけられた人類学的,社会学的な概念であり,人権には文化的な可変性が存在するため絶対的なものはないと主張される[102].

　人権に関するシンボルはこの両者の形で現れる.例えば,国際的な合意のもとで形成された法や国際的な宣言は,普遍的シンボル・システムに含まれるであろう.現代は世界人権宣言や国際人権規約,国連憲章といったヨーロッパ発祥の人権概念が,文化的相違を問わず多くの国々に受け入れられている.しかし一方で文化的な側面に注目すれば,イスラム法やヒンドゥー法というような,その文化の中の法体系から生じてくる文化相対的なシンボルも存在する.国際的な人権規範でいえば,1993年のバンコク宣言や,チュニス宣言が挙げられ,非欧米文化圏にも,アジア的人権やイスラム的人権,アフリカ的人権など,それぞれの文化に即した人権概念が存在するとし,人権の文化的多様性を示すのが文化相対的なシンボルである[103].加えて,伝統文化や社会慣習ないし宗教・思想などの諸文化は,人権規範及び人権を保障する法や制度に大きな影響を与えている[104].

　さらに,普遍的シンボル・システムと文化相対的なシンボル・システムの両

方の側面を持つものも存在する．世界人権宣言をはじめとするヨーロッパ発祥の人権規範への歩みよりには限界がある．しかし，ヨーロッパ以外の地域でもヨーロッパ発祥の人権規範が受容されている例がある[105]．つまり，文化相対的な人権を主張する立場であっても人権概念の重要性については認識しており，そこに普遍性が見える[106]．人権は，人類に属するという事実にのみ基づいて，すべての人が平等に持つ権利であり，個人が人間らしく生きることを保障するものである．この点において人権は概念としての普遍性を有するのである[107]．このことは，第3章で扱うバンジュール憲章や，ヨーロッパ・イスラム評議会のイスラム人権宣言（1981年），イスラム諸国会議機構によるイスラム人権宣言案（1979年及び1983年）や，カイロ・イスラム世界人権宣言がイスラム世界の合意文書として世界人権会議に提出されたこと（1993年）からも明らかである[108]．

　このように，シンボル・システムの中にも，様々な役割を果たすものが存在し，これは行動システム理論でいうところの，シンボル・システム内の下位システムの分化が起こっている結果である．「人権の尊重」を例に取っても，普遍的なシンボル・システム，文化相対的なシンボル・システム，両者の側面を持つシンボル・システムが存在し，これらが多層的・多元的に関わっており，「人権の尊重」を共同利益とする国際共同体の行動者に影響を与えている．

2．国際的な人権保障における多元的な役割システム

　第1節で触れたように，行動者は複合社会において自己の依拠する部分シンボル・システムを選択し，それに基づいて自らの行動に「正当性」を付与することが可能である．さらに，現代の「人権の尊重」を共同利益とする国際共同体においては，部分シンボル・システムの多様化に加え，行動者の多様化も進んでいる．

　ただし，多様な行動者が存在する国際共同体においても，人権は第一義的には国家が保障するものである．しかし，国家が非常事態に直面した時，平時の法規範が十分に機能しなくなることがある[109]．その結果人権保障の制度が抑制・縮減され，人権侵害が生じる可能性がある[110]．そのような事態においては，国際社会が関与，介入することが求められるようになった．このように人権の問題

はそれぞれの国家が個別的に処理すべき国内の問題であるという認識が変化したのは，第二次世界大戦の経験が大きく影響している[111]．戦前からファシズムやナチズムの下で人々の人権や基本的自由が著しく侵害され，人権問題への関心は次第に高まっていたが，国内において人権を抑圧していた日本やイタリア，ドイツが次々に侵略政策をとり，1939年のドイツのポーランド侵入によって第二次世界大戦が勃発した[112]．そのため国際社会は，「人権の尊重」が平和の維持と無関係ではないこと，「人権の尊重」が国際平和の基礎であることを認識するようになった[113]．

　第二次世界大戦が勃発すると，連合国の指導者から「人権の尊重」の必要性が主張されるようになり，それを連合国は戦争目的の1つとして掲げた．特にアメリカのルーズヴェルト（Franklin D. Roosevelt）大統領は1941年の一般教書演説で「4つの自由」について述べ，それを今後の国際秩序の基本原則とすることを主張した．このルーズヴェルトの主張は，同年の大西洋憲章にも取り入れられ，さらに翌年の「連合国宣言」でも，大西洋憲章の原則を確認するとともに，人権の擁護が連合国の共通の戦争目的であることが明確にされた[114]．

　このような経緯を背景として，第二次世界大戦に勝利した民主主義陣営のリードのもとに「人権の尊重」は戦後国際秩序の基本理念となった．新たな戦争の勃発を防ぎ平和を確保するには，戦争へと結びつく人権無視を行う政権の出現を抑えることが不可欠である．そして，そのためには，第二次世界大戦前のように人権の問題を国内問題の枠内に留めておくのではなく，人権の国際的保護を各国政府に義務づけ，国際法の枠内に取り込むことによって，戦争に傾斜する政権の出現を，国内だけでなく国際法的にも抑制することが必要であるとされた[115]．

　実際，第二次世界大戦後に設立された国連では人権問題が大きく取り上げられるようになった．国連憲章第1条3項において「人種，性，言語又は宗教による差別なくすべての者のために人権及び基本的自由を尊重するように助長奨励することについて，国際協力を達成する」と，「人権の尊重」を国連の目的の1つとしているほか，第13条，第55条，第62条など，国連憲章の随所で人権と基本的自由の尊重のための国際協力について規定している．それをもとに

1948年には「世界人権宣言」が，1966年には「経済的，社会的及び文化的権利に関する国際規約」と「市民的及び政治的権利に関する国際規約」が採択されるなど，国連を中心に多くの人権の尊重に関わる条約や宣言が採択されてきた[116]．

　このような国連中心の動きのほか，地域国際機構による地域的な人権保障体制も形成されるようになった．最初に作られたのは欧州評議会による1950年の「人権及び基本的自由の保護のための条約」（欧州人権条約）である．続いて1969年に米州機構によって「人権に関する米州条約」（米州人権条約）が採択され，1981年には「人及び人民の権利に関するアフリカ憲章」（バンジュール憲章）が採択された．このように各地域においても人権問題は大きく取り上げられ，「人権の尊重」は地球規模に広がる大きな流れになっている．

　他方で，田畑によれば，地域国際機構は，地域内の諸国の連帯を基礎にして形成されたものであり，地域の特殊性を背景に，地域内の連帯を通じて，地域独自の人権保障体制によって「人権の尊重」の一端を担っている．そのため，地域国際機構には普遍的な国際機構には見られない機能を果たすことを期待することも可能である[117]．

　渡邉は，地域国際機構の次の3つの側面を提示している[118]．第一に，加盟国の利益集合体としての地域国際機構である[119]．地域国際機構のこの側面においては，地域国際機構が形成される際，国家は国益を重視するとする．国家の利益の追求において必要な場合には地域国際機構を形成し，国家間での協力によって利益の実現を図る[120]．地域国際機構の制度化の度合いは，国際協調を通じて得られる利益の最大化をめぐる国家間交渉によって決まる[121]．この見方による地域国際機構は，加盟国間交渉の仲介役であり，加盟国間で決定された規範が遵守されているかを監督する組織である[122]．この側面から捉える地域国際機構は，国際社会に自らの利益を反映させるための行動をとる行動者であるといえる．

　第二に，普遍的な国際機構の役割の補完，あるいは代替を担う行動者としての側面である[123]．地域国際機構は，特に「人権の尊重」などの分野では国連などの普遍的国際機構と協調しながら，国際社会全体の利益の達成を目指す．つまり，普遍的な国際機関の能力や資源の不足を補う役割を持つ[124]．普遍的な国際機

構は普遍的であるがゆえに地域固有の問題には対応しえないことがある。地域国際機構は，それを補い地域の実情に合わせて補完するのである。すなわち，この側面から捉える地域国際機構は，加盟国の利益の実現だけでなく，国際社会における秩序形成にも有益な行動者である[126]。

　第三に，規範に関わるエージェントとしての側面である[127]。この見方は，地域国際機構が域内や他の地域の国々が自発的に受容するようなグローバルな規範の形成と発展を促進する側面に注目する[128]。この規範の発展過程に関与することを通じて，地域国際機構は国家レベルと国際社会全体レベルのシステムを架橋する機能を持つ。国際社会における普遍的なシンボル・システムは，多様な争点領域や行動者間の様々な議論を経て形成される[129]。つまり，国際社会全体の問題の解決を図る中で，普遍的な国際機構の能力や専門性，地理的な制約を補完するために，様々な行動者との調整，協力が必要となり，従来の規範の再定式化，再解釈が行われるのである[130]。その際，地域国際機構は域内で妥当する規範を定義・提示することで，人権や安全保障，環境などグローバル・ガバナンスに関わる規範の発展を促す[131]。この側面から地域国際機構を捉えると，地域国際機構も国際社会という場に置かれて他者との相互連関の中で行動していることがわかる。

　以上の点を踏まえ，国際社会を，「人権の尊重」を共同利益とする国際共同体に置き換えてみると，地域国際機構の第一の側面は，加盟国の利害行動の相互連関で構成された行動者であるといえる。この側面は，地域国際機構加盟国の利益によって動機づけられた行為の総和としての結果であり[132]，加盟国の利害行動の相互連関が均衡した際に利害システムとして形成される。つまり，地域国際機構は加盟国の利害の調整の場としての側面を持つ。地域国際機構は，加盟国からは自己の政策を国際共同体における他の行動者に受容するよう要求することが役割システムとして求められる。ただしこのような見方は，地域国際機構の一側面でしかない。地域国際機構も国際共同体における役割システムやシンボル・システムを意識している。

　地域国際機構の第二の側面は，単一社会において役割分化を担う行動者である。国際共同体は，「人権の尊重」という共同利益を達成するためのシステム

であった．国際共同体内の行動者である地域国際機構は，共同利益の達成を役割システムとして求められることになる．「人権の尊重」の分野では，当然普遍的国際機構も関与するが，地域国際機構の方が効率的に機能できるのであれば，それに役割を委ねることがある．¹³³⁾ つまり，共同利益という一般的シンボル・システムが存在する社会において，普遍的国際機構と地域国際機構の分業と協働によって役割システムを満たそうとする側面が存在する．¹³⁴⁾

　では，地域国際機構は実際にどのように役割システムを満たすのか．この問いに対しては，地域国際機構は，加盟国に国際共同体から求められる役割システムを徹底させることによって，国際共同体から求められる役割システムを満たすべく行動すると回答しうる．ただし，普遍的な国際機構とは異なり，地域国際機構は第一の側面をも持つ．¹³⁵⁾ すなわち，国際共同体から求められる役割システムのみならず，加盟国から求められる役割システムも満たす必要があるのである．そこで規範に関わるエージェントという，地域国際機構の第三の側面が必要とされるのである．¹³⁶⁾

　国際共同体から求められる役割システムと，加盟国から求められる役割システムは，必ずしも一致しない．しかも，一般的シンボル・システムが存在しない複合社会においては，これらは併存する可能性がある．その際，地域国際機構は地域内に妥当する新たなシンボル・システムを形成し，それに依拠することを選択することによって二重の役割システムの機能を満たす．「地域内に妥当する」とは，加盟国が地域国際機構に求める役割システム（加盟国レベルの利害システム）を含むシンボル・システムを形成することと同義である．¹³⁷⁾ ただし，この新たなシンボル・システムは，国際共同体から求められる役割システムを無視しているわけではない．国際共同体の規範を受け入れ，それを地域内で実現するにあたって調整を行った結果でもある．国際共同体におけるシンボル・システムは，完全ではない．¹³⁸⁾ それゆえ，国際共同体全体に通用する国際的な規範は，国際的であるがゆえに地域固有の問題には対応できないということが起こりうる．つまり，普遍的であるとされる国際的な規範は，そのままの形では機能的必要を満たせない場合が生じうるということである．その際には，地域の特殊性を考慮したシンボル・システムが必要となる．地域国際機構は，国際

共同体と地域の両側面から影響を受けた新たな規範形成によって，国際共同体レベルと国家レベルの行動システムを架橋する役割を持つのである．

　地域国際機構は当初は特定の地域内の加盟国の集合的利益を追求するための組織として形成されるものの，その加盟国は，域内の問題が地理的境界線に固執していたのでは解決不可能であることを自覚し，結果として他の行動者や国際共同体全体との連関の中で解決を図ることとなる[139]．見方を変えれば，これは地域国際機構がその相互連関に関わる中で，国際共同体のあり方や共同利益をめぐる議論を地域内外に喚起し，それが国際共同体の規範を生成・発展させていくことに貢献しているのだといえる[140]．つまり，地域国際機構は一定の地域における問題の解決を目的としているが，その影響はその地域に限定的なものではない[141]．地域国際機構は，地域内に働きかけると同時に，国際共同体全体にも働きかける行動者であるといえる．

注

1） 廣瀬の行動システム理論は，パーソンズ理論の中心概念を再構成し，より自由な理論的展開を試みたものである．社会現象の相互連関分析のための一般分析枠組構築を目指したパーソンズ理論は，分析概念の抽象化が不十分であったため経験概念との混同が避けられなかった．廣瀬の行動システム理論は，数学的なアプローチを用いてパーソンズ理論を再構成し，概念をより抽象的に捉えることによって，パーソンズ理論を超克するものである（廣瀬 1970: 92-93）．

2） 本説明にあたり，廣瀬 1998: 221-222を参照の上要約．

3） 本章は，拙稿（2019）「シンボルとしての人権規範——国際法社会学の視点から——」『立命館国際関係論集』18号，pp. 1-20を加筆・修正したものである．

4） 行動システム理論における「行動」概念は，このように抽象的かつ一般的な分析概念である．パーソンズ理論でも"action"は中心概念である．しかし，『行為の総合理解をめざして』における"action"概念の定義は狭義で実体的な概念（詳細は，Parsons and Shils 1951: 53）であるにもかかわらず，その後の研究における用いられ方はより広汎で一般的であるなど，必ずしも一貫していない（廣瀬 1970: 94）．

5） 廣瀬 1970: 73-74.

6） 廣瀬 1970: 74.

7） 廣瀬 1970: 74-75.

8） 廣瀬 1970: 75. パーソンズのシステム概念は，均衡条件，存在定理，安定条件を欠

いている．この3つの条件は暗黙の前提とされ，システムは自動的に均衡状態に達するとされる．そのため，パーソンズのシステム概念からはシステムの変動理論や紛争理論は導き出されない．それに対して廣瀬の行動システム理論では，これらの条件を設定しシステム概念により厳格な定義を与え，それによって動学的な分析を可能とした（廣瀬 1970: 99）.

9） 廣瀬 1970: 75.

10） 廣瀬 1970: 75.

11） 廣瀬 1970: 75-76.

12） 廣瀬 1970: 76.

13） 廣瀬 1970: 76-77.

14） 廣瀬 1998: 22-23.

15） 廣瀬 1998: 23-31を参照の上要約.

16） 廣瀬 1998: 23.

17） 廣瀬 1998: 23.

18） 廣瀬 1970: 86.

19） 廣瀬 1970: 87.

20） 廣瀬 1970: 87-88; 廣瀬 1998: 26-27.

21） 廣瀬 1970: 89; 廣瀬 1998: 27. ただし，機能と構造の区別は絶対的に二分的なものではない．「変動しやすいもの」と「変動しにくいもの」という相対的な区別であり，システムの設定によっていくつかの段階を設定しうるものである．同様に上位システム，下位システムの区別も二分的ではない（廣瀬 1998: 27-28）.

22） 廣瀬 1970: 89-90; 廣瀬 1998: 28-29.

23） 廣瀬 1970: 77.

24） 利害システム，役割システム，シンボル・システムや，直接的相互連関及び間接的相互連関，単一社会及び複合社会などの概念は，いずれも分析の際の理念型として構成されたものである（廣瀬 1970: 152）.

25） 廣瀬 1970: 77.

26） 廣瀬 1970: 108.

27） 廣瀬 1970: 92. 廣瀬の行動システム理論における利害システム，役割システム，シンボル・システムはそれぞれパーソンズ理論におけるパーソナリティ・システム，社会システム，文化システムを出発点に構成されたものである．廣瀬の行動システム理論においてもパーソンズ理論においても，複雑な社会現象の中からこれら3つの下位システムを抽出したのは，実際の行動は3つの下位システムの総合的結果として決まることに着目し，行動システムによって社会現象を統一的に把握することを意図したためである．そのため，3つの下位システムとそれらの相互連関システムである行動

システムは，分析的には別のレベルの概念として構成されなければならない．しかし，パーソンズ理論においては，3つの下位システムと行動システムを，現実の行動においては分離できないものとし，3つの下位システムと行動システムの区別を曖昧にしてしまった．そのため，パーソンズ理論はいたるところでトートロジーに陥る．そこで廣瀬は，3つの下位システムをそれぞれ独立の分析概念として再構成し，それによって行動システムにも独立の意味を持たせることで，パーソンズ理論の不備を克服した（廣瀬 1970: 100-104）.

28) 廣瀬 1970: 108.

29) 廣瀬 1970: 108.

30) 廣瀬 1998: 39-40.

31) 廣瀬 1970: 111-112; 廣瀬 1998: 40.

32) 廣瀬 1970: 250; 廣瀬 1998: 40.

33) 廣瀬 1970: 113; 廣瀬 1998: 46.

34) 廣瀬 1970: 113; 廣瀬 1998: 46.

35) 廣瀬 1998: 119-122. ビトリア（Francisco de Vitoria）も，すべての民族に妥当し，全人類に普遍的に当てはまる法の存在から，普遍的人類社会なる全体社会について説いている（伊藤 1965: 48-49）.

36) 廣瀬 1970: 113-114.

37) 廣瀬 1970: 114. しかし，このような利害行動を捨象して役割期待行動のみを抽出した場合に，その相互連関システムが役割システムとして概念構成される（廣瀬 1970: 114）.

38) デュルケムは，社会現象は社会的要因に依存しているため個人に還元することはできないとし，個人は社会的事実によって行為を強いられると主張した（アバークロンビー他 1996: 378）.

39) 廣瀬 1970: 256-257.

40) 廣瀬 1998: 48-50, 82-83.

41) 廣瀬 1970: 37, 廣瀬 1995a: 15.

42) 廣瀬 1998: 57.

43) 廣瀬 1998: 57-58.

44) 廣瀬 1970: 125-126.

45) 廣瀬 1970: 126.

46) 廣瀬 1998: 82-84.

47) 廣瀬 1998: 84-85.

48) 廣瀬 1970: 259.

49) 廣瀬 1970: 259.

50）　廣瀬 1970: 271.

51）　廣瀬 1970: 271.

52）　廣瀬 1970: 265-266.

53）　廣瀬 1970: 266.

54）　廣瀬 1970: 266. 構造機能分析的に考察すれば，構造変動を伴わず，変数の変動過程のみによって新均衡値に達する場合である（廣瀬 1970: 270）．

55）　廣瀬 1970: 266. 司法過程及び立法過程はいずれも紛争解決過程を分析するための理念型として構成されたものであり，通常のいわゆる司法過程及び立法過程とは方法論やその内容も正確に言えば必ずしも同一ではない（廣瀬 1970: 266）．

56）　廣瀬 1970: 270.

57）　廣瀬 1995b: 115.

58）　龍澤 1993: 233.

59）　龍澤 1993: 233.

60）　龍澤 1993: 229-230.

61）　ただし，直接的相互連関の側面がなくなったわけではない．共同利益は，完全に国益を離れたものではない．共同の利益であると同時に，その利益が個々の国家にとって，何らかの形で国益として認められるという側面も持つ．長期的にしろ，中期的にしろ，何らかの形で自国に利益をもたらすことを国家は認識している．あるいは，それを為すことによって，国際社会が平和になれば，それは自国の利益になる．共同利益についても，利害システムと役割システムの均衡の結果生じるものである．

62）　川村・龍澤 2022: 78-79.

63）　Dupuy 1979: 50-55; 川村・龍澤 2022: 77.

64）　星野昭吉 2001: 236-237.

65）　Dupuy 1979: 55-66; 川村・龍澤 2022: 77.

66）　星野昭吉 2001: 231.

67）　川村 2013：219.

68）　廣瀬 1970: 157. 単一社会と複合社会の境界は流動的であり，相互移転的である．また，完全な単一社会も完全な複合社会も現実には存在しない．同一社会の中には両側面があり，どのように併存しているかを分析するための分析概念である（廣瀬 1970: 156-157）．

69）　廣瀬 1970: 158.

70）　廣瀬 1970: 158.

71）　廣瀬 1970: 157.

72）　廣瀬 1970: 159.

73）　廣瀬 1970: 160-161.

74）社会財とは，獲得の対象となって，かつ，希少なものをいう．社会財は経済財であることも，より広く非経済財であることもある（廣瀬 1970: 109-110）.

75）廣瀬 1970: 162-163.

76）廣瀬 1970: 165-166, 232.

77）廣瀬 1970: 167-168, 232.

78）廣瀬 1998: 6.

79）廣瀬 1970: 161.

80）廣瀬 1998: 6.

81）廣瀬 1970: 158.

82）イシェイ 2008: 39-42.

83）申 2013: 4.

84）申 2013: 4.

85）岩沢: 2020: 392.

86）岩沢: 2020: 392.

87）斎藤 1984: 100-101.

88）田畑 1988: 23-39. なお，世界人権宣言は賛成48，反対 0，棄権 8 で採択された．棄権したのは，ソビエト，白ロシア，ウクライナ，ポーランド，チェコスロバキア，ユーゴスラビア，南アフリカ，サウジアラビアである．南アフリカはアパルトヘイト政策を取っていたため，サウジアラビアはイスラムの立場から棄権した．ソビエトや東欧の社会主義諸国は，人権規定はより民主主義を守るためのものであることを明示する必要があるという理由から棄権した．ただし，棄権した国々も世界人権宣言そのものに対して反対していたわけではなかった（田畑 1988: 40-45）.

89）以下，宣言や条約については，特に断りのない限り薬師寺・坂元・浅田（2020）『ベーシック条約集』の訳を用いる.

90）イシェイ 2008: 36.

91）田畑 1988: 46.

92）斎藤 1984: 130-134.

93）廣瀬 1995b: 119.

94）龍澤 1993: 233; 川村・龍澤 2022: 78-79. H・グロス＝エスピエルは，世界人権宣言を成立に導いたのは，人権に関して全人類に共通の理想が存在するという確信であると指摘する（エスピエル 1983: 435）. つまり，国際共同体において共通の理想という（共通の理想が存在するという確信の）シンボルが，さらにシンボルとしての世界人権宣言への昇華につながった.

95）エスピエル 1983: 435.

96）斎藤 1984: 140.

97)　シンボル・システムの機能の程度は，法規範かそうでないかによって差が生じる．価値や理念などのシンボル・システムは，法規範となることによって，より強い拘束力を持つシンボル・システムとなる．世界人権宣言が示す人権概念の重要性のような，国際共同体としての国際社会の正しい意思の反映であるような時は，短い期間に，法として確信され，慣習法化されるという意見もある（斎藤 1984: 130-134）．また，19世紀末までの一般国際法の規則の大部分は国際慣習法規からなっているが，科学技術の革新や国際社会の緊密化などに伴う法的革新の急速な集積があり，それをインスタント慣習法と呼ぶことがある（栗林 1999: 68）．

98)　大沼 1998: 3.

99)　斎藤 1984: 130-131; 北村 1996: 10-11.

100)　大沼 1998: 3.

101)　川村 2016: 52; 川村・龍澤 2022: 168.

102)　シースタック 2004: 88.

103)　ジャック・ドネリーは文化相対主義の立場から，世界人権宣言は不完全な枠組みであるとしている．しかし，人権について合意可能な領域を示していることから「すべての人民とすべての国とが達成すべき共通の基準」であるとしている（Donnelly 2013: 57-60）．

104)　千葉 2008: 35.

105)　川村 2013: 219.

106)　川村 2013: 219.

107)　ドネリー 2007: 131.

108)　龍澤 1996: 298.

109)　山崎 1983: 410.

110)　山崎 1983: 410.

111)　田畑 1991: 77.

112)　田畑 1991: 77-78.

113)　田畑 1991: 78.

114)　田畑 1988: 25-26; 1991: 78.

115)　高野 1983: 4.

116)　田畑 1997: 13.

117)　田畑 1988: 136.

118)　渡邉 2021: 30-31.

119)　渡邉 2021: 32.

120)　Grieco 1997: 185.

121)　渡邊 2021: 32.

122）　渡邊 2021: 32.

123）　最上 2016: 223.

124）　渡邊 2021: 34-35.

125）　渡邊 2021: 35.

126）　星野俊也 2001: 179; 山田 2018: 198.

127）　星野俊也 2001: 173; 渡邉 2021: 38.

128）　渡邊 2021: 38.

129）　大平 2017: 169.

130）　渡邊 2021: 38.

131）　渡邊 2021: 38.

132）　廣瀬 1998: 39-40.

133）　最上 2016: 162.

134）　廣瀬 1970: 113-114.

135）　普遍的国際機構は，役割システムである．この組織としての役割システムは権威を持つ．権威のもとに役割システムの機能的必要とその達成のための条件を正確に知り，これが達成されるよう各行動者の行動様式を規定する．また，これらは権威のもとに行われるがために各メンバーに正当なものとして受け取られる．複合社会においては，一般的シンボル・システムが存在しないため各メンバーの正当性意識が異なる．そのため，普遍的国際機構は，複合社会において特に必要とされる（廣瀬 1970: 154-158）.

136）　星野俊也 2001: 173; 渡邉 2021: 38.

137）　シンボル・システムは利害システムや役割システムという現実との対話で形成されることはすでに述べた.

138）　渡邊 2021: 38.

139）　渡邊 2021: 40.

140）　渡邊 2021: 40.

141）　渡邊 2021: 40.

第2章
パン・アフリカニズムと国際共同体の変動

　本章では,国際共同体全体と,アフリカ統一機構(OAU)やアフリカ連合(AU)間の複雑な相互連関を分析することによって,AUが自己の利害システムだけでなく,「人権の尊重」に基づく行動をとる行動者であることを明らかにする.[1]

　AU設立規約やOAU憲章は,地域的な法体系であり,加盟国の特定のニーズと願望に応え,パン・アフリカニズムの理想に合致したアフリカ諸国の統合と連帯に貢献するような形で,アフリカ諸国間の関係を規制するために設計されたものである.[2]すなわち,OAU憲章やAU設立規約は,加盟国の利害行動の相互連関によって形成された側面を持つシンボル・システムであるといえる.

　ただし,地域的な法体系であっても,国際共同体から影響を受けていないわけではない.OAU憲章やAU設立規約が採択に至った経緯には,国際共同体全体から刺激のインプットを受けてアウトプットを発信したという側面も存在する.このことに関しては次のとおり指摘できる.①植民地主義の影響からアフリカ諸国が他国から介入しやすい存在として扱われたという刺激が,脱植民地化と国家主権の保護に焦点を当てるOAUの設立に結実した.また,②大国の内戦への介入と冷戦終結後の西側諸国の民主化要求という刺激が,民主主義と「人権の尊重」を確保するための集団行動を追求するAUの設立に結実した.

　特に②の経緯は,OAUの加盟国の主権保持に固執していた姿勢から,AUの「人権の尊重」という理念を内面化しようとする姿勢へ変化した過程である.このOAUからAUへの改組の過程は,「人権の尊重」を共同利益とする国際共同体への本格的な参加の契機でもあり,現在AUは共同利益の達成に貢献する行動者となっている.

　以上を踏まえ本章では,パン・アフリカニズムの発展を通じて,地域国際機構であるAUが普遍的価値とされる「人権の尊重」を内面化していく過程につ

き，行動システム理論を用いて分析する．

第1節 パン・アフリカニズムの発展の経緯

1．運動としてのパン・アフリカニズム

　そもそも，パン・アフリカニズムのルーツは，アフリカ人及びアフリカ系住民の植民地支配への抵抗にある[3]．また，奴隷制の経験も初期のパン・アフリカニズムの統一感と連帯性を生み出す大きな要因となった[4]．

　パン・アフリカニズムは1945年以前，主としてアフリカ大陸の外におけるアフリカ系の人々の運動であった．この当初のパン・アフリカニズムは，アフリカ地域の独立というよりも，奴隷の身分とそこから派生する差別と侮辱を念頭に置いていた[5]．下記のように，初期のパン・アフリカ会議の決議にもその傾向は表れている．

　1900年，ロンドンでの第1回パン・アフリカ会議[6]では，当時イギリス領であったトリニダード・トバゴ出身の弁護士ヘンリー・シルベスター＝ウィリアムズ（Henry Sylvester Williams）が，パン・アフリカニズムを「アフリカ人とアフリカ系の人々の友好的な連帯」と表現した[7]．1919年の第2回パン・アフリカ会議（於パリ）では，19世紀のヨーロッパ列強によるアフリカ大陸の植民地化によって多大な被害を被った人々の権利が特に強調され，アフリカの原住民とアフリカ系の人々の尊厳を回復するための適切な統治のための原則が採決され，採決内容の中には，奴隷制と体罰の廃止，そしてウッドロウ・ウィルソンが1918年の合衆国議会での演説で説いた自決の原則の明文化などが含まれていた[8]．このアフリカ（系）人の人権保護と自決の原則は，アフリカの解放とその人々の自由を確保するためのものとして，その後のパン・アフリカ会議で繰り返し強調された[9]．

　しかし，パン・アフリカ会議のこのような訴えにもかかわらず，第一次世界大戦後，国際連盟規約第22条に基づいて，その戦勝国はドイツが植民地化したアフリカ地域を自分たちの間で分割し，植民地計画を拡大した[10]．これらの地域の人々は，「近代世界の激甚なる生存競争状態の下に未だ自立し得ざる人民」（国

際連盟規約第22条）であるため，その資源，経験または地理的位置から，この責任を最もよく引き受けることができる先進国（同2項）の指導に委ねられなければならないとされた．

　これを受けて，1921年，第3回パン・アフリカ会議（於ロンドン及びブリュッセル）では「経験と知識を積み重ね，完全な自治を目指す」ことが，そして第4回会議（於ロンドン及びリスボン）ではアフリカ系の人々が「自国の政府に対する発言力」を持つことが，アフリカの人々のために必要な政治的要求として打ち出された[11]．このアフリカ（系）人の自治と，被統治者の同意による領土の統治という連動する原則も，その後のパン・アフリカニズム運動の要求の礎石となった[12]．このように，第5回までのパン・アフリカ会議は，アフリカ人の指導のもとアフリカ大陸を独立させるというよりむしろ，アフリカ（系）人が，彼らが所属する国の政府に彼らの権利の主張を反映させることを目標とするところに留まっていた[13]．

　しかし，1945年の第6回パン・アフリカ会議（於マンチェスター）においてパン・アフリカニズムは転機を迎えた．第6回会議は，パン・アフリカ的な規模で活動するアフリカ解放のための運動の出発点であったとしばしば指摘される[14]．その参加者には，それ以前から参加していたアメリカやカリブのディアスポラからやってきたアフリカ系の活動家のみならず，クワメ・エンクルマ（Kwame Nkrumah，のちのガーナ共和国大統領），ヘイスティング・バンダ（Hastings Kamuzu Banda，のちのマラウイ大統領），ジョモ・ケニヤッタ（Jomo Kenyatta，のちのケニア大統領）などアフリカ大陸からやってきた若い指導者たちも加わり，彼らはアフリカにおける植民地主義の即時停止を主張した[15]．同会議決議では，自決の原則を「すべての植民地人民が自己の運命を支配する権利」として再確認し，植民地の人民に対して「自由に使えるすべての手段を使ってこれらの目的のために戦う」よう呼びかけ，より急進的な考えを表明した[16]．加えて，同会議は1941年のアメリカのルーズヴェルト大統領が一般教書演説の中で挙げた「4つの自由」と，同年の大西洋憲章を支持した[17]．ルーズヴェルト大統領の提起した「世界のあらゆる場所」の人々が享受すべき4つの基本的な自由，すなわち表現の自由，信教の自由，欠乏からの自由，恐怖からの自由と，大西洋憲章の「すべ

ての人民に対して，彼らがその下で生活する政体を選択する権利を尊重する」
という宣言は，第一次世界大戦終結以降パン・アフリカ運動が求めてきたアフ
リカ人民の人権保護と共鳴するものとみなされた[18]．初期のパン・アフリカニズ
ムがアフリカ大陸外において展開され，主として人種的不平等への消極的な抗
議であったのに対し，同会議は，アフリカに新しい政治基盤を築き，それを通
じてアフリカ人の指導のもとにアフリカ大陸を統一し，植民地主義の影響から
脱したいという願望が明確な形を持つ契機となった[19]．そして，アフリカ大陸出
身の若き指導者たちによってパン・アフリカニズムはアフリカ大陸に導入され，
1950年代のアフリカ独立の時代に，個別の国家のナショナリズムとアフリカ地
域全体の統一運動と結びつける役割を果すようになった．

　ところで，パン・アフリカニズムの理想の１つであるアフリカの統一につい
て，アフリカ諸国の個別的利益と，大陸レベルの利益は矛盾しなかったのであ
ろうか．これについては，本来個々の国家の強化・発展を志向するはずのナショ
ナリズムとアフリカの統一をその目的とするパン・アフリカニズムは一見矛盾
するように見えるが，当時のアフリカ諸国の指導者は両者を相互補完的である
と考えていたとされる[20]．その大部分が植民地時代の行政区域を引き継いだアフ
リカの新しい独立国は，当時は国家として自己主張をするだけの一体性をまだ
持っていなかったため，当時の指導者たちはアフリカにおけるあらゆる課題が，
大陸の統一を中心的目標とするパン・アフリカニズムの推進によって解決され
ると考えていた[21]．

　実際，エンクルマは「ガーナの解放は全アフリカ大陸の全体的な解放と結び
つかなくては無意味である[22]」と，国家の独立と大陸レベルでの統一について強
い意欲を示した．ギニア初代大統領セク・トゥーレ（Ahmed Sékou Touré）も同
様に，「アフリカは，はっきりと選択した．独立と統一，これがアフリカの目
標である[23]」と述べている．同様のことはアフリカ大陸レベルの決議にも表れて
いる．全アフリカ人民会議では，1960年１月の第２回会議（於チュニス）におい
てアフリカ統一に関する決議が採択され[24]，独立アフリカ諸国会議（於アディズ・
アベバ）では1960年６月の第２回会議においてアフリカ統一の促進が決議に含
まれている[25]．加えて，「アフリカ諸国連合（The Union of African States）」憲章（1961

年 7 月，アクラで採択）の総則では，ガーナ，ギニア，マリ，三共和国の間に，「アフリカ諸国連合」という連合を樹立すること（第 1 条）と，アフリカ諸国連合は，アフリカ合衆国（The United States of Africa）の核とみなされるべきこととする（第 2 条）と規定された[26]．

　しかし，1960 年代に入って以降，アフリカの脱植民地化が加速し，多くの旧植民地国が独立すると，アフリカ統一の意味合いも次第に変化した．多くの新興独立諸国は自国の国家建設に意識を向けるようになり，その結果，「統一」の内容がアフリカの「政治的統一」[27]から，独立国家としてのアフリカ諸国の希求とその行動の統一へと変質した[28]．OAU はこのようなアフリカ諸国が自国の主権保持を重んじる潮流の中で成立し，アフリカ全域の政治的統合よりも国家の内政不干渉原則に重きを置いた性質を持つことになった[29]．そのため，後述するように OAU の機能は制限されたものとなった．

2．パン・アフリカニズムを体現した OAU

　1963 年 5 月 25 日にエチオピアのアディスアベバで開催されたアフリカ首脳会議で「OAU 憲章」（アフリカ統一機構憲章）が採択され，OAU が設立された．ここにおいてパン・アフリカニズムは，政治運動から，その理想を実現するために国家間の協力と協議を必要とする制度に発展したのである[30]．

　OAU 憲章前文には多くのパン・アフリカニズムの理念が盛り込まれている．「自己の運命を支配することはすべての人民の譲ることのできない権利である」[31]ことが確認され，パン・アフリカニズムの根本的な要求の 1 つである人民の自決の原則と憲章が結びつけられている[32]．また，アフリカ人民の統一と連帯を促進するという願いは，前文で何度も提起され，次のように言及されている．特に，「わが兄弟愛を強めかつ連帯を作りだそうというわれら諸人民の希望に応え，人種的・国民的相違を越えたより大きな統一において，我々諸人民間の理解と我々諸国家間の努力を推進しようとの共通の決議に鼓吹され」，「すべてのアフリカ諸国家が，これら諸人民の福祉と安寧を確保しうるように，今後，統一すべきことを切望し，共通の制度を樹立し強化することにより，我々諸国家間の絆を強める」ことが強調されている．OAU 憲章前文は，OAU 設立の目的

が，アフリカの統一と連帯の促進であることを示しているのである[33]．

　OAU憲章[34]に明記されているOAU設立の目的は，（a）アフリカ諸国の統一及び団結の促進，（b）アフリカ諸国民のより良き生活を達成するための，協力及び努力の調整と強化，（c）主権，領土保全及び独立の防衛，（d）アフリカからあらゆる形態の植民地主義の根絶，（e）国連憲章及び世界人権宣言の十分な尊重と国際協力の促進である．加えて，主要機関として首脳会議，閣僚理事会，事務局，仲介調停仲裁委員会が設置された．

　また，OAUは，上記の目的達成のため，以下の7つの原則を定めている．①加盟国の主権平等，②国家の国内問題に対する不干渉，③各国の主権及び領土保全並びに独立に対する不可譲の権利の尊重，④交渉，仲介，調停または仲裁裁判による紛争の平和的解決，⑤あらゆる形態の政治的暗殺及び近隣諸国または他のすべての国に対する破壊活動の無条件の非難，⑥アフリカ従属地域の全面的解放に対する絶対的支持，⑦すべての陣営に関する非同盟政策の確認．このうち⑥と⑦のみがパン・アフリカニズムに立脚したものであった．他の①〜⑤は国連憲章から借用したものであり，OAU憲章の原則の多くはそれまでの国際法との結びつきが強いものであった[35]．

　しかし，結果としてOAUの機能は制限されたものに留まることになった．OAUの最大の成果は，アフリカ大陸の解放と脱植民地化の先導者としての役割を果たしたことと，アパルトヘイトと人種差別的少数民族支配に対する戦いを起こしたことであったが，大陸の統一，アフリカの人民の社会的経済的発展の促進，大陸内部の紛争解決については多くを達成することはできなかった[36]．なぜならば，OAUでは，エンクルマなどの急進的なアフリカ指導者が主張した全アフリカ諸国の政治的統一より，漸進的なアプローチが採用されたためである．これは国家としての脆弱性に対する危惧から，自己の主権を守ろうとする加盟国の新興独立国としての懸念を背景としていた[37]．加えて，当時OAU加盟国にとっての優先課題は，大陸外からの植民地主義と戦うことであった[38]．このように統一と独立との間の緊張関係を抱えたOAUは，脱植民地化が終わった後，大陸における内戦の激化や経済成長の遅れなどの新たな課題に効果的に対応することができなかった[39]．それゆえ多くの加盟国は，アフリカ統一という

パン・アフリカニズム当初からの理想と，民主化と開発という大陸の人々の新しい願望を実現できる，新しいパン・アフリカ組織の創設を目指したのである[40].

3．パン・アフリカニズムを受け継ぐ存在としてのAU

　このような過程を経て，2000年7月11日にトーゴのロメで開催されたOAU首脳会議においてAU設立規約は全会一致で採択され，OAU加盟国の3分の2の批准を得て2001年5月26日に発効した．そして，2002年7月のダーバン首脳会議を経てAUは正式に発足した．AU設立規約は，その第3条において設立目的を，第4条において原則を，そして第5条において連合の機関を，それぞれ定めている．

　OAU首脳会議がAU首脳会議に代わるなど，基本的にOAUの主要機関はAUに引き継がれている（第5条）．また，AU設立規約において新たに設立された機関も存在する．AU設立規約の「適用又は実施から生じる解釈問題」を審理する連合司法裁判所（第18条1項，第26条），「アフリカ大陸の発展及び経済統合へのアフリカ人民の完全な参加を確保する」ための全アフリカン議会（第17条），「加盟国の様々な社会的及び専門的集団で構成される諮問機関」である経済，社会及び文化評議会（第22条），アフリカ中央銀行，アフリカ通貨基金，アフリカ投資銀行（第19条）などがそれである．

　AU設立規約の目的がOAU憲章と異なるのは，アフリカ統一へのより強い決意を表明している点である．例えば，AU設立規約第3条aは，「アフリカ諸国とアフリカ諸人民間のより一層の統一及び連帯を達成する」とされ，OAU憲章の「アフリカ諸国の統一及び団結を促進する」（第2条a）よりも強い表現が使われている．また，「アフリカ大陸の政治的及び社会経済的な統合を加速する」（AU設立規約第3条c），「経済的，社会的及び文化的段階での持続可能な開発，並びにアフリカ経済の統合を促進すること」（同第3条k），「この連合の目的を漸進的に達成するため，現行の及び将来の地域的経済共同体間の政策を協調かつ調和させること」（同第3条m）と，経済的・政治的統合についてAUの役割を強化する文言が含まれている．

　また，OAU憲章が脱植民地化と国家主権の保護に焦点を当てていたのに対し，AUは大陸の人々のために，「人権の尊重」と民主主義の原則の尊重を確保するための集団行動を追求することを目的としている[41]．「アフリカ大陸の平和，安全及び安定を促進する」（AU設立規約第3条f），「民主的な諸原則及び諸機関，人民参加及び善良な統治を促進する」（同第3条g），「人及び人民の権利に関するアフリカ憲章及び関連する他の人権諸条約に従って，人及び人民の権利を促進し，かつ保護する」（同第3条h）というAUの目的は，平和と安定，「人権の尊重」なくしてはアフリカの統一を達成することも，大陸の人々のために経済と社会の発展を確保することも不可能であることをアフリカ諸国が認識していることを示すものである[42]．

　加えて，OAUが大陸内の紛争に効果的に対処できなかったという反省から，いくつかの原則が変更された．第一に，OAU憲章の「国家の国内問題に対する不干渉」（第3条2項）は，「加盟国による他の加盟国の国内事項への不干渉」（AU設立規約第4条g）に変更され，「重大な事項，すなわち，戦争犯罪，集団殺害及び人道に対する罪並びに平和・安全保障理事会の勧告に基づく，平和と安定を回復するための正当な秩序に対する重大な脅威に関する会議の決定に従って，連合が加盟国に介入しうる権利」（同第4条h）が定められ，これによって加盟国内における重大な事項へのAUによる介入の余地ができた．第二に，OAU憲章が規定する「各国の主権及び領土保全並びに独立に対する不可譲の権利の尊重」（第3条3項）は，アフリカの歴史の特殊性から，「領土」とは「違法に」植民地化される前のものを意味すると解される曖昧さがあり，それが領土紛争において悪用されることがあった．そのため，AU設立規約では「独立達成の際に存在する国境の尊重」（第4条b）が明記された．第三に，OAU憲章の「交渉,仲介,調停又は仲裁裁判による紛争の平和的解決」（第3条4項）については，それによって機能するはずだった「仲介，調停及び仲裁委員会」の失敗から，AU首脳による「会議で決定される適当な手段による，連合加盟国間の紛争の平和的解決」（第4条e）と規定された．第四に，OAU憲章の「あらゆる形態の政治的暗殺及び近隣諸国又は他のすべての国に対する破壊活動の無条件の非難」（第3条5）は外国による国家テロを主に対象としていたのに対し，AU設

立規約では「人命の尊厳の尊重，免責及び政治的暗殺並びにテロ行為及び破壊活動の非難及び拒否」（第4条o）とし，国の内外を問わない形に変更された[43].

　このように，AUはその前身であるOAUと多くの点で異なっている．AU設立規約の目的と原則は，パン・アフリカニズムの理想に沿ってよりアフリカの統一を促進することを重視し，加えて，平和と安全，法の支配，良い統治，人権，民主主義の促進に関しても，OAU憲章の目的から根本的に転換している．したがってAUは，「人権の保護」と民主主義の原則をも追求する，現代におけるパン・アフリカニズムの運動を推進する行動者であるということができる[44].

第2節　パン・アフリカニズムの組織としての制度化

　このように，AUは「人権の保護」と民主主義の原則の尊重の確保を取り入れたパン・アフリカニズムを追求する行動者である．このAUの特性は，まだ運動であったパン・アフリカニズムから，OAUの形成と解消の過程を経て獲得されたものである．

　シンボル・システムは規範や価値システムなどの体系であり，それぞれ具体的な意味を持つものであった[45]．このシンボル・システムの意味は，行動者による社会現象の学習や思考の蓄積によって形成され，行動者またはシステムの目標や，その達成のためのシステム間の相互連関の構造を示すものとなる[46]．では，アフリカの植民地主義時代からの経験の蓄積として現れたパン・アフリカニズムは，現在のAU設立にいたるまでいかに機能しているのか．また，パン・アフリカニズムがシンボル・システムとして機能していると分析できるOAU/AUと相互連関する国際共同体はいかなるものであったのか．これらの問いについて，行動システム理論を用いて分析する．

1．アフリカの挑戦と正当性——OAU設立——

　まず，パン・アフリカニズムが登場した当時の国際共同体は，単一社会から複合社会への過渡期であった．国際共同体の構造変化の時代であったといえる．

単一社会, 複合社会は, それぞれにおけるシンボル・システムの在り方の相違に着目して構成される[47]. 単一社会においては一般的シンボル・システムを媒介とすることによって, 多くの価値基準があってもこれらはより一般的かつ高次の基準のもとに統合され, それぞれに矛盾なく位置づけられ, 1つのシステムを形成する[48]. 近代ヨーロッパ国際社会の法として成立したヨーロッパ中心主義的な古典国際法が, まさに単一社会におけるシンボル・システムであった. かかる国際共同体では, この一般的シンボル・システムによる一般的統合原理の下に, 価値判断様式, 正当性意識は斉一化され, したがって価値基準または価値評価のレベルにおける衝突は小さかった[49].

他方でアフリカは, かかる国際共同体から, 他の行動者に介入される存在として扱われる側面があった. すなわち, 前節で述べた第一次世界大戦の戦後処理にも表れているように, アフリカは「野蛮な」あるいは「未開の」というレッテルを貼られ, 征服や占領の対象とされていたのである[50]. パン・アフリカニズムが, 1919年の第2回パン・アフリカ会議の時点で, アフリカ人民の自決権と国際的な人権保護に関する決議を採択したが, その要求は当時のヨーロッパ中心主義的な国際法の一般的な教義と原則の下では受け入れられなかった. むしろ委任統治制度を含め, 当時のヨーロッパ中心主義の国際法は, アフリカ諸国の植民地化の正当化に利用されていた側面すらあったのである[51].

しかし, 1960年代に入り, 国際共同体全体に変化が起こった. 社会主義国家群の成立, アジア・アフリカ諸国の独立によって, ヨーロッパとは異質の価値システムを持つ国家群が形成された. また, これらの国家が機能的に相互に他の国家の協力を必要とすることによって, 国際共同体を構成することになった. これは, ヨーロッパ中心的な国際法で表示される構造では国際共同体の変化に対応しきれず, それゆえ国際共同体の構造が変化し, 新しく登場した諸国をも含む複合社会が模索されていく段階に入ったことを意味する. このような複合社会においては, 多くの下位シンボル・システムが形成され, いずれの下位シンボル・システムに属しているかによって価値判断様式, 正当性意識は異なるため, 価値判断または価値評価のレベルにおける衝突が起きることとなる[52].

OAU/AUのシンボル・システムとなっているパン・アフリカニズムは, 形

成当初，アフリカ系の人々の人種的不平等の撤廃を求める戦いと，大陸の人々
が植民地支配を終わらせるために行った戦いが交わったところで生まれたもの
であった[53]．シンボルは，象徴化の過程（抽象化，一般化，組織化）を経て形成され
るものである[54]．ディアスポラにいるアフリカ（系）の人々の奴隷制の経験やア
フリカ大陸における植民地支配の下で虐げられてきたという経験は，現実から
分離され同一のものとして抽象化された．これらは，植民地支配に抵抗するた
めのアフリカの統一や連帯というスローガンのもとに一般化，組織化され，ア
フリカのちにはOAU憲章に引き継がれていくことになった．このように形成
されたパン・アフリカニズムというシンボル・システムは，役割システムや国
際共同体のシンボル・システムを組み込んで形成されたものというより，主と
してアフリカの利害システムを表示するものとして機能してきた．脱植民地化
というアフリカ諸国の利害の総和によって形成された，アフリカ諸国間の直接
的相互連関が強調されたシンボル・システムであった．

　加えて，アフリカ諸国も国際共同体の複合社会の側面を利用する中で，1963
年にOAUが設立された．アフリカ諸国は，パン・アフリカニズムというシン
ボル・システムのもとに，ヨーロッパ中心主義的な古典国際法の下で，他国か
ら介入される存在というアフリカの扱いに意義を申し立て，政治主体としての
権利を追求した．OAU設立までのパン・アフリカニズムの経緯は，植民地主
義に反対し，その被害を受けたアフリカ人民の人権保護とアフリカの解放を求
める主張と，国際共同体全体から求められる他の行動者から介入される存在と
しての役割システムに否を唱えるという利害システムの主張から生じた紛争の
過程であったと理解できる．これはつまり，ヨーロッパ中心主義的な国際法を
シンボル・システムとした国際共同体に，アフリカの扱いを変化させるよう求
めた挑戦であった．

　さらに，OAUの設立によって，そのような国際共同体全体から求められる
役割システムと，それに否を唱えるアフリカ諸国の利害システムの対立も一応
の解決が試みられた．このことにつき，行動システム理論によって次のとおり
説明しうる．第1章第1項で述べたように，主観的な役割期待とこれに対する
客観的な役割期待とが一致しなかった場合，役割過程における均衡システムは

崩れ紛争過程に陥る[55]．役割期待は必ずしも正当性を持っていないため，役割期待の内容が曖昧であり均衡条件が満たされない場合や，与件が変動し既存の役割期待が存在定理及び安定条件を満たさなくなることがある[56]．これらの場合には，役割過程内在的には紛争は解決されない[57]．当時の国際共同体とアフリカ諸国間においてもこのような状況が存在していた．そこでアフリカ諸国は，OAU憲章という新たなシンボル・システムを作成することによって立法過程による紛争解決を図ったのである．

　OAU憲章の採択を受けてOAUが設立されたことにより，アフリカの統一を推進するための制度的な具体化とメカニズムが獲得された[58]．パン・アフリカニズムが政治運動から，その目的を実現するために国家間の協力と協議を基礎とする制度に発展し[59]，パン・アフリカニズムの理念の一部が初めて国際条約に盛り込まれ，政府間組織の基本目標として追求されることになった[60]．OAUを通じて，アフリカ諸国は，規範と原則に表されたこれらの理想を国際共同体に伝え，国際法制定全般に貢献し，アフリカの人々に今後適用される法規則の性質と内容を決定する能力を獲得した[61]．OAU憲章という法システム[62]に依拠することによって，自らの行動に「正当性」を持たせることが可能になったのである．

　上述のように，パン・アフリカニズムとそれを引き継いだOAU憲章は，利害システムを表示したシンボル・システムであったといえる．OAU設立にあたっては，パン・アフリカニズムの内容は当初のアフリカの「政治的統一」[63]から，アフリカ諸国の独立を受け，独立国家としてのアフリカ諸国の希求とその行動の統一を目指すと変化しているものの[64]，利害システム優位のシンボル・システムであったことについては変わりない．このことは，OAU設立が国際共同体の構造変化に影響を受けているものの，OAUが国際共同体全体から求められる役割システムについては，依然として個の論理としての利害システムが反映されやすく，加盟国間の直接的相互連関によって形成された側面が強かったために生じた．この背景として，当時の国際共同体において，アフリカの位置づけは高いものではなかったことが挙げられる．当時の国際社会は米ソを両極とする東西両陣営の冷戦対立を構造として持っていた．冷戦はその波及効果において明らかに地域的偏差があり，1940年代後半においては，その主要な舞

台はヨーロッパであり，1950年代に入るとアジアも大きな影響を受けることとなったが，アフリカは事実上，冷戦の影響を直接に受けることはほとんどなかった．この傾向は，1960年代においても基本的には変わらなかった[65]．

　このことはアフリカ諸国にとって好ましく作用した．アフリカ諸国の力が国際社会において相対的に弱いにもかかわらず，アフリカ内の様々な問題を，東西の対立とは異なった次元で自主的に処理しやすい状況であったのである[66]．このことは複合社会の側面を強める当時の国際共同体内部において，アフリカが単一社会的に行動できたことを意味する[67]．アフリカ諸国内においては，パン・アフリカニズムという単一のシンボル・システムによって，利害システムと役割システム間の相互連関がスムーズに進んだのである．行動システム理論上，利害システムから役割システムへの媒介過程である社会化の過程は，直接システム全体の機能的必要が共通利益として形成され，役割分化も自動的になされる[68]ことによって達成される[69]．当時のアフリカも，たとえ衝突が起きてもパン・アフリカニズムという共通の大前提のもとに調整されやすい状況であった．これは実際に，独立して間もない個々の国家の利益と大陸レベルでの行動の統一は矛盾するものではないと当時のアフリカ諸国の政治指導者が考えていたことから明らかである[70]．

　このようにOAUは，アフリカのシンボル・システムに表示された加盟国の利害システムの達成のためにアフリカ諸国が連帯した結果形成されたものである．すなわち，地域国際機構の第一の側面である，加盟国の利害行動の相互連関で構成されたという側面を持っていた．

2．相互連関の結果としてのAU設立

　このようにアフリカ諸国のニーズに応えるために設立されたOAUであるが，のちにAUに改組されることになった．AU設立の基礎となるパン・アフリカニズムは，政治運動であったパン・アフリカニズムとも，OAU時代とも内容が異なる．AUは大陸の人々のために，「人権の尊重」と民主主義の原則の尊重を確保するための集団行動を追求することを目的とする[71]．このパン・アフリカニズムの変化は，OAU憲章というシンボル・システムが現実に対応できな

くなったことを示す．では，パン・アフリカニズムというシンボル・システム
の変化を引き起こした現実とはいかなるものか．

　アフリカ諸国は，パン・アフリカニズムの実現，脱植民地化の達成を目指し
ていた．この脱植民地化は，単に個別の国家の宗主国からの独立，経済的・文
化的自立だけに留まるものではない．アフリカの統一による「アフリカ人の手
によって確立されたアフリカ大陸圏の平和・アフリカ人の手によって確立され
たアフリカ大陸圏の秩序」，「アフリカ諸国，諸人民の大陸的規模の自主性の回
復，大陸的規模の自己管轄権の確立[73]」を目指すものであった．AUもこのよう
なパン・アフリカニズムの追求を利害システムとして持つことは，のちに成立
するシンボル・システムであるAU設立規約から明らかである．ただしAU設
立にあたっては，植民地主義への対処のみならず，アフリカ大陸内部における
問題に対応する必要性の比重の増加が背景にあった．

　OAUが設立された1960年代とは異なり，1970年代はアンゴラ内戦，シャバ
紛争などに見られるように，アフリカの紛争に対する他国の軍事介入が公然か
つ大規模化した時代であった[74]．米ソ間の第一次デタントの進展に伴い，アフリ
カを含む第三世界をめぐる外部の諸大国の権力闘争が強まってきたのである[75]．
つまり，当時のアフリカ諸国は，依然として他国から介入される存在でありつ
つ，なおかつOAU設立時とは異なり単一社会的な行動をとることができない
状況にあった．

　アンゴラ内戦の趨勢を決定したのは東西諸国からの軍事援助競争であり，そ
れに続くシャバ紛争の投じた影響も大きいものであった．第二次シャバ紛争が
最終段階に入った1978年，フランスの主催で第6回フランス・アフリカ諸国首
脳会議が開催され，そこでフランスは常設的なアフリカ共同防衛軍事組織の必
要性を提起した．フランスはさらに，1978年6月5日のフランス，アメリカ，
イギリス，西ドイツ，ベルギーの5か国会議においても，アフリカ平和維持軍
もしくはアフリカ安全保障軍の創設を主張した[76]．こうした西側からのアフリカ
安保の動きに対して，アフリカ諸国から強い反発が起こり，タンザニアのジュ
リウス・ニエレレ大統領（Julius Kambarage Nyerere）は，アフリカ以外の国々が
アフリカの防衛のための「パン・アフリカ軍の創設について語ったとしても，

それは傲慢の極みであ[77]」り，彼らの関心は，アフリカの自由という問題にあるのではなく，「アフリカの覇権を握ることにある[78]」と述べた．

　アンゴラ内戦，シャバ紛争という大国のアフリカへの介入と，西側諸国からアフリカ安保問題が討議されたことは，OAUにOAU憲章の内政不干渉原則について改めて討議し，緊急に対処する必要があることを強く認識させた[79]．植民地支配への抵抗のみならず，アフリカ大陸内部における問題についても手を打たないことには，「アフリカ人の手によって確立されたアフリカ大陸圏の平和・アフリカ人の手によって確立されたアフリカ大陸圏の秩序[80]」は達成できない．そのことをアフリカ諸国が痛感した出来事であった．

　これらの経験を踏まえて採択されたAU設立規約には，前節第3項のとおり設立目的を規定する第3条において繰り返しアフリカの統一についての強い決意が表明されるなど，アフリカ諸国による利害行動の集積によって構築されたシステムとしての側面が内在している．加えて，AUの原則には，「重大な事項，すなわち，戦争犯罪，集団殺害及び人道に対する罪並びに平和・安定を回復するための正当な秩序に対する重大な脅威に関する会議の決定に従って，連合が加盟国に介入しうる権利」(第4条h) と「憲法に違反する政府の変更の非難及び拒否」(第4条p) が含まれており，アフリカ内の紛争についてAUがイニシアチブをとる姿勢が表れている．他国による介入ではなく，AU自身による枠組みでの紛争解決をも利害システムに含むようになったことが，AUのシンボル・システムには表れている．この原則により，「人権の尊重」のために加盟国の国内問題に介入することに賛同したAUの枠組みでは，国家主権を加盟国の領域内での人権侵害や抑圧的政策の隠れ蓑として使うことは極めて困難になった[81]．

　人権に関する規定はそれだけではない．AU設立規約では，「国連憲章及び世界人権宣言に妥当な考慮を払いつつ，国際協力を促進すること」(第3条e)，「人及び人民の権利に関するアフリカ憲章及び関連する他の人権諸条約に従って，人及び人民の権利を促進し，かつ保護すること」(第3条h)，「民主的な諸原則，人権，法の支配及び善良な統治の尊重」(第4条m) などが定められている．

　もっとも，後述するように，このAU設立にあたっての「人権の尊重」への

意識の変化は，AUの利害システムのみでは説明ができないことを指摘してお
かねばならない．OAU／AU設立のもとになったパン・アフリカニズムは，
アフリカの統一によるアフリカ人の手によって確立されたアフリカ大陸圏の秩
序形成を目指すものであった[82)]．したがって，アフリカ内部における役割システ
ムの存在を無視することはできない．実際，AUが「人権の尊重」を重視する
ようになった背景には，役割システムの影響があった．

　アフリカ諸国の利害システムについてさらに付け加えると，経済的な援助の
獲得もその一部であろう．1980年代を通じてアフリカの経済はマイナス成長と
なり，対外累積債務は急増し続け，アフリカの経済危機は深刻な状態に陥って
いた[83)]．そのためアフリカは，先進諸国や国際通貨基金（IMF），世界銀行などの
援助を受けることになった．加えて，後述するように，当時アメリカ大統領ジ
ミー・カーター（Jimmy Carter）によって進められていた「人権外交」と第二次
ロメ協定に人権条項を挿入させようとした欧州共同体（European Community:
EC）提案は，アフリカ諸国にとっては無視できるものではなかった[84)]．これらの
民主化及び政府による人権侵害の停止の要求は，外圧として強力に作用し，ア
フリカ諸国に役割システムを強く認識させた[85)]．

　また，当時国際共同体全体でアフリカの人権保障体制への関心が高まってき
ていた．その中でアフリカ内外の行動者，そして国連の働きかけによって，ア
フリカはバンジュール憲章の採択に向かった[86)]．第3章で詳述するように，アフ
リカにおける地域的な人権保障メカニズムについての議論は，1961年1月に開
催された国際法律家委員会主催の「法の支配に関するアフリカ会議」を発端に，
国連の内外で繰り返し行われた[87)]．これは，「人権の尊重」を共同利益とする国
際共同体が，アフリカにおける地域人権保障システム設立の必要性を認識した
時代，つまりアフリカ諸国にも「人権の尊重」への貢献が求められる役割シス
テムが形成されつつある時代であった．

　以上で述べたことはOAUからすれば外的要因であるが，同様のことはOAU
の内部からも汲み取ることができる．こちらも第3章で詳しく述べるように，
OAUは設立当初，内政不干渉原則に固執するあまり加盟国内の人権問題の解
決について消極的であった．しかし，ウガンダのアミンや中央アフリカのボカッ

サの残虐な行為は，OAU加盟国の態度に変化をもたらした．[88) このことは加盟国が役割システムを意識していることを示している．

　このような国際共同体から要求される役割システムとOAU自身の利害システムとの相互連関によって，内政不干渉原則を主眼に置くシンボル・システムから「人権の尊重」と民主化を含むシンボル・システムの形成が必要とされ，その結果，AUが設立された．アンゴラ内戦，シャバ紛争などの大国が介入する内戦の経緯と，経済面での不調は，OAUにパン・アフリカニズムの追求における課題を認識させた．

　OAUの利害システムであるパン・アフリカニズムの追求には，国家主権の保護に焦点を当てていたOAU憲章では十分に対応することができず，アフリカが大陸内における紛争解決に主体的に取り組む体制形成の必要性を認識させた．また，国際共同体からの経済的支援に伴う民主化要求とアフリカへの関心の高まりにより，AU加盟国はOAU設立時よりもより深く国際共同体と連関を強め，「人権の尊重」をシンボル・システムとして持つシステムの中で行動することを余儀なくされた．パン・アフリカニズムという自己のシンボル・システムのみではなく，国連憲章や世界人権宣言という国際共同体レベルのシンボル・システムを遵守することがより必要とされた．つまり利害システムの追求のみならず，国際共同体全体から求められるシンボル・システムを受け入れるという役割システムの機能を満たすことが求められたのである．

　これは，当時の国際社会共同体でその目的である「人権の尊重」という機能的必要をAUが満たそうとした結果である．AUは利害システムを持ち，それを追求する行動者でもある．しかし，単純な利己的合理的な行動者ではなかった．AUも一定の条件や構造上の一定の与件すなわちすでに存在していた社会的事実，つまりそれ以前から構築されていた「人権の尊重」を目的とした国際共同体秩序や，国連をはじめとした他の行動者の行動からも影響を受けていた．内政不干渉原則に固執していたOAUが，国際共同体におけるアフリカの人権保障メカニズムへの関心の高まりを見過ごさず，アフリカ内部の人権侵害にも無関心な態度ではなくなったという変化は，OAUが社会的事実が存在する間接的相互連関の社会に組み込まれたことを示す．その結果がAUへの組織変更

であった.

　また，複合社会である国際共同体においては，複数のシンボル・システムが存在し，それらは統一的ではないことがある[89].　AUは国際共同体レベルの世界人権宣言や国連人権規約等のシンボル・システムを取り入れる（AU設立規約第3条e）ことで，AUは「人権の尊重」を内面化した行動者であることを国際共同体全体に伝達した.　ただし，その実現の仕方については，AU設立規約とバンジュール憲章という独自のシンボル・システムを作成することによって，AUの枠内で「人権の尊重」に取り組むことを選択したのである[90].　すなわち，他の行動者としての欧米諸国や国連などの普遍的な国際機構とは異なるシンボル・システムにも依拠しつつ，国際共同体全体の共同利益の達成を目的としたものであるといえよう.

　AU独自の枠組みで共同利益の達成に貢献することは，同時に「アフリカ人の手によって確立されたアフリカ大陸圏の平和・アフリカ人の手によって確立されたアフリカ大陸圏の秩序」[91]の形成を目指すパン・アフリカニズムの追求（＝利害システム）の達成にも貢献する.　つまり，利害システムと役割システムが相互連関した結果，AU設立規約というシンボル・システムが採択されたと分析できる.　AUを設立したOAUは，自己の利益追求にのみ走るのではなく，また，国際共同体から求められる役割を盲目的に遂行するのでもなかった[92].　利害と役割という2つの動機を併せ持ちながら，両者の間に折り合いをつけた結果，「人権の尊重」[93]を内面化しつつパン・アフリカニズムの追求を目指したAU設立規約が採択されたのである.

注

1）　本章は，拙稿（2023）「行動システム理論によるアフリカ連合設立過程の分析——地域機構における国際的な規範の内面化——」『立命館大学人文科学研究所紀要』135巻を加筆・修正したものである.

2）　Yusuf 2014: 19.

3）　Césaire 1956: 193.

4）　Yusuf 2014: 15.

5）　小田 1964: 57.

6)　Yusuf 2014: 20. 1900年のロンドン会議を第 1 回とする説に加えて，1919年のパリ会議を第 1 回パン・アフリカ会議とする説もある（例えば，Padmore 1956: 119-129など）.

7)　Padmore 1956: 117.

8)　Legum 1962: 133-134.

9)　Yusuf 2014: 23.

10)　委任統治制度は，植民地行政を改革するための仕組みとして考案されたが，住民の生活に関する限り，植民地支配とほとんど区別がつかないものであった．戦勝国がドイツから征服した領土を引き継ぎ，さらに併合するための隠れ蓑として使われることが多かったのである（Yusuf 2014: 26-27）.

11)　Padmore 1956: 139-144.

12)　Yusuf 2014: 28.

13)　Padmore 1956: 143; Wallerstain 1962: 140; 小田 1964: 57.

14)　小田 1964: 61など.

15)　Yusuf 2014: 29.

16)　Legum 1962: 137.

17)　Padmore 1956: 166.

18)　Yusuf 2014: 31. また，第 6 回会議では，ともに植民地主義に抵抗する存在として，アジアとの連帯も表明している（Legum 1962: 32）．ただし，アジアとの連帯については，OAUの結成に伴い，アフリカ諸国の立場がアフリカのことはアフリカでとの立場に変化したことから，アジアに背を向け，結びつきを弱めることになった（奥野 1988: 162）.

19)　Coleman 1971: 425; 小田 1964: 63.

20)　小田 1964: 63. ただし，アフリカ統一をどの程度にするかについてはアフリカ諸国の間で必ずしも一致しなかった．その結果，アフリカ諸国は，アフリカの超国家的な政治統合の形を目指すカサブランカ・グループ，諸国間の協力の推進をうたうブラザビル・グループ，国家主権を重んじるモンロビア・グループと 3 つのグループに分かれることになる．しかしながら，どのグループの政治指導者も大陸レベルでの統一の必要性を認識していた.（小田 1974: 9-10）.

21)　小田 1974: 7-8.

22)　エンクルマ 1962: 154.

23)　トゥーレ 1961: 18.

24)　Legum 1962: 239.

25)　Legum 1962: 152.

26)　Legum 1962: 183-184.

27)　トゥーレ 1961: 20.

28) 小田 1974: 9.

29) Yusuf 2014: 44; 小田 1974: 9.

30) Yusuf 2014: 37.

31) OAU憲章前文の和訳は、《https://worldjpn.grips.ac.jp/documents/texts/docs/19630525.T1J.html》を参照した［2022年4月15日最終閲覧］.

32) Yusuf 2014: 43.

33) Yusuf 2014: 44.

34) OAU憲章の和訳は、香西・安藤 2002を参照した.

35) Yusuf 2014: 42-43.

36) Yusuf 2014: 44.

37) Yusuf 2014: 41.

38) Yusuf 2014: 169.

39) Yusuf 2014: 45.

40) Yusuf 2014: 48. ただし、OAUも新たな課題に全く対処しなかったわけではない. OAUは、1993年に紛争予防・管理・解決のための機構の設立を謳った「紛争予防・管理・解決メカニズム（Mechanism on Conflict Prevention, Management and Resolution: MCPMR）創設に関する宣言」（カイロ宣言）や、大陸レベルでの経済統合を進めるためアフリカ経済共同体（African Economic Community: AEC）設立を決定した1991年に「アフリカ経済共同体設立条約」（アブジャ条約）を採択した. これらの宣言や条約は、OAUをアップデートし、アフリカ諸国が独立後に直面した問題に対処するための能力を強化しようとした努力を象徴している. しかし、これらの文書はまた、OAUの枠組みが新たな課題の対応には不十分であり、パン・アフリカレベルで採用された他の法的、政策的手段によって補完されなければならないことも示している（Yusuf 2014: 47）.

41) Yusuf 2014: 48.

42) Yusuf 2014: 50.

43) 松本 2003: 325-326.

44) Yusuf 2014: 48.

45) 廣瀬 1995a: 15.

46) 廣瀬 1995a: 15.

47) 廣瀬 1970: 157.

48) 廣瀬 1970: 158.

49) 廣瀬 1970: 166.

50) Yusuf 2014: 66.

51) Yusuf 2014: 53.

52）　廣瀬 1970: 166-167.

53）　Yusuf 2014: 55. OAU 設立以前のパン・アフリカニズムは，パン・アフリカ会議を
中心としているものの，アフリカ大陸外出身の知識層中心のものやアフリカの将来の
指導者層中心のものなど，参加者の層について一定ではないため，それ自体を１つの
行動者もしくは行動単位としてまとめることはできない．しかしそれでも，共通の経
験を糧にパン・アフリカニズムというシンボル・システムの形成・発展に寄与した．

54）　廣瀬 1998: 59.

55）　廣瀬 1970: 257.

56）　廣瀬 1970: 257.

57）　廣瀬 1970: 256-257.

58）　Yusuf 2014: 37.

59）　Yusuf 2014: 37.

60）　Yusuf 2014: 18.

61）　Yusuf 2014: 18.

62）　価値や理念，法規範はシンボル・システムの一部である．シンボル・システムは，
価値や理念よりも法規範となることによってより強い効果を持つようになる（廣瀬
1970: 259）.

63）　トゥーレ 1961: 20.

64）　小田 1974: 9.

65）　小田 1974: 3-6. もちろん，アフリカ大陸内の情勢で他国の注目を浴びる出来事がな
かったわけではない．1960年代後半には，多くの国で軍部クーデターが頻発したことや，
また独立国が輩出したことに伴う国境紛争が多く発生した．しかし，アフリカにおけ
るこれらの変化，紛争，内戦，武装解放闘争などは，少数の例外を除いて，基本的に
は関係するアフリカ諸国の手で処理されることが多かった（小田 1974: 4）.

66）　小田 1974: 5-6.

67）　ただし，アフリカ諸国が単一社会的に行動することができたといっても，国際共同
体全体の複合社会的になろうとする側面を無視していたわけではない．OAU 憲章でも
国連憲章や世界人権宣言に間接的にではあるが触れていた．また，パン・アフリカニ
ズムの理想のいくつかは国際連合憲章の中にも含まれており，人民の同権及び自決の
原則は，パン・アフリカニズムの中核をなすものであった．

68）　この段階でのパン・アフリカニズムの追求は，共同利益よりも共通利益の側面が強
かった．つまり，共同利益のように自国の利益に優先されるものではなく，加盟国の
利害の一致によって形成されるものであった．このことは，OAU 加盟国が内政不干渉
原則に固執していた姿勢からも明らかである．

69）　廣瀬 1998: 82-84.

70) シンボル・システムのもう1つの媒介過程である社会制御の過程については，そも そもパン・アフリカニズムが利害システムを表示したものであるため，パン・アフリ カニズムの成立やOAU憲章の場合，背後に追いやられる．

71) Yusuf 2014: 48.

72) Mazrui 1967: 203; 小田 1989: 183.

73) Mazrui 1967: 203; 小田 1989: 183.

74) 小田 1989: 186.

75) 小田 1989: 186.

76) 詳細は，小田 1989: 186-193.

77) ニエレ 1979: 110.

78) ニエレレ1979: 110.

79) 小田 1989: 193.

80) Mazrui 1967: 203; 小田 1989: 183.

81) Yusuf 2014: 191.

82) Mazrui 1967: 203; 小田 1989: 183.

83) 小田 1993: 3.

84) 松本 1986: 133.

85) 小田 2001: 4.

86) 田畑 1988: 191; 松本 1986: 119. バンジュール憲章の採択過程における詳細は，松本 1986を参照.

87) 松本 1986: 137.

88) 松本 1986: 122-127; 田畑 1988: 190-191.

89) 廣瀬 1970: 158.

90) 間接的相互連関をしている集団では，そこに形成される役割期待は，自動的に各行 動者に伝達されるわけではない．役割期待の内容とその実現のメカニズムがシンボル・ システムによって表示されることによって，各行動者に伝達され，役割期待に基づく 行動が実現される（廣瀬 1998: 85）.

91) Mazrui 1967: 203; 小田 1989: 183.

92) 廣瀬 1998: 56.

93) 廣瀬 1998: 56.

第3章
アフリカ連合による国際的な人権規範の受容
——バンジュール憲章の事例から——

　第2章では，アフリカ諸国が複合社会に組み込まれつつある中で形成された
アフリカ連合（AU）が，国際共同体の機能的必要を達成すべく「人権の尊重」
を内面化した経緯を分析した．国連憲章の人権規定，世界人権宣言，国際人権
規約は，国際共同体の多くの国々に受け入れられている．AUも例外ではなく，
AUはそれらに規定される規範的内容を遵守しようとする行動者となった．た
だし，これら国際共同体レベルのシンボル・システムである人権概念は，ヨー
ロッパ起源のものがほとんどであるため，地域によってはうまく機能しない場
合や，その土地に定着しない場合がある．なぜなら，人間らしく生きるという
ことの基準は，各地域に根差した伝統や文化，慣習によって異なるものだから
である．言い換えれば各人が生まれながらにして持つ固有の権利としての人権
に対する理解や認識は，人々が依って立つ伝統や文化，慣習と完全に切り離す
ことはできないのである[1]．

　アフリカの伝統的な社会では，人々は個人の人権というよりも，集団の構成
員としての様々な人権が保障されていたとされる[2]．アフリカ独自の人権規範の
制定に大きな役割を果たしたレオポルド・セダール・サンゴール（Léopold
Sédar Senghor）も，後述するように個人と共同体は切り離せないものとして，
その文脈の中で人権を語った．

　これまで明らかにしてきたように，AUは，国際共同体から国際的なシンボ
ル・システムを受け入れるという役割システムの機能的必要を満たすことを求
められる．しかしそれと同時に，パン・アフリカニズムの追求というAUの加
盟国側から求められる役割システムをも達成する必要がある．そこでは，以下
の点が問われねばならない．まず，個人を中心としたヨーロッパ発祥の価値と，
集団を中心とするアフリカの価値の併存は，国際共同体の「人権の尊重」とい

う機能的必要の達成にいかなる意味を持つのか．次に，同一のシステムの中で矛盾するシンボル・システムの機能的必要を満たす必要に迫られたアフリカ統一機構（OAU）/AUは，いかなる行動をしたのか．そこで本章では，これらについて「人及び人民の権利に関するアフリカ憲章」（バンジュール憲章）の採択過程から明らかにする[4]．

第1節　バンジュール憲章の採択過程と特徴

1．バンジュール憲章採択の過程

　OAUは，国際共同体という場で「人権の尊重」という共同利益を持ち，利害システム，役割システム，シンボル・システムの3つの相互連関によってバンジュール憲章採択という行動を起こした．同憲章の採択過程における各システム間の相互連関はいかなるものであったのだろうか．それらについて行動システム理論による分析を試みる前に，まずはバンジュール憲章採択の過程について概説する．

　第二次世界大戦後の国際社会の1つの大きな変化として，非植民地化の動きがある．1960年は「アフリカの年」とも言われ，17か国のアフリカ諸国が独立を果たし，それらの国々は国連にも加盟した．その勢いのままに，国連総会では同1960年に植民地独立付与宣言が[5]，1962年には経済的自決権ともいえる「天然資源に対する永久主権」の決議が採択された[6]．かつて植民地支配の下にあった地域が，国際社会で多数を占める重要なメンバーとなったのである．しかしこれらの新興国を待っていたのは，法的に植民地主義支配から独立した後においても，依然として経済的には先進諸国に従属させられる，新植民地主義支配であった．アフリカ諸国はその状況を打破すべく，植民地主義の後遺症である南アフリカのアパルトヘイトに強く反対し，それまでの国際経済秩序に対抗して新国際経済秩序（New International Economic Order: NIEO）の形成を国際社会に求めた．

　さらに第2章でも述べたように，アフリカ諸国は植民地主義，新植民地主義への対抗のため，統一化を試みた．1963年5月に「アフリカ統一機構憲章」（OAU

憲章[7]）が採択され，アフリカ全体の地域機構であるOAUが設立された．繰り返しとなるが，OAUは，「アフリカ諸国の統一及び団結を促進すること」（憲章第2条a）を目指し，それによってアフリカ諸国の「主権，領土保全及び独立を防衛すること」（第2条c），「アフリカからあらゆる形態の植民地主義を根絶すること」（第2条d）を，その主な目的とした．人権に関して言えば，OAU憲章では直接の規定こそされていないものの無視していたわけではない．「国際連合憲章と世界人権宣言は諸国間の平和及び積極的な協力のための強固な基礎を与えるものであり，我々はその原則の順守を再確認する」（前文）こと，「国際連合憲章及び世界人権宣言を十分に尊重して，国際協力を促進する」（第2条e）と人権に触れた規定を設けていた．

　このようにOAU憲章では国連憲章と世界人権宣言の尊重について述べているが，実際に独立後のアフリカ諸国において人権が十分に尊重されているかといえばそうとは言えなかった．ウガンダのイディ・アミン（Idi Amin）政権[8]や中央アフリカのジャン＝ベデル・ボカッサ（Jean-Bédel Bokassa）政権[9]などが行った残虐行為を含め，各所で人権侵害が行われているのが実情であったが，OAUはそれらのアフリカ諸国内の人権侵害に対しては沈黙を貫いていた．なぜならOAUには内政不干渉原則（憲章第3条2）があり，国家の維持に固執した結果積極的に紛争解決に向けて行動しなかったからである[10]．その一方でアパルトヘイト政策などアフリカ外が大きく関わる人権侵害は強く非難していたOAUは，ダブル・スタンダードという批判を受けることとなった[11]．

　このような状況の中でOAUがバンジュール憲章の採択にまで至ったのは，アフリカ内外の行動者，そして国連の働きかけが大きく影響している[12]．アフリカに地域的な人権保障メカニズムをつくろうとする試みは，1961年1月にナイジェリアの首都ラゴスで開催された国際法律家委員会主催の「法の支配に関するアフリカ会議」[13]に端を発する．この会議の決議において，アフリカ人権条約の制定が可能か否かについての研究がアフリカ政府に要請された．続いて，1969年9月に国連主催で開かれた「アフリカに特に関連した地域的人権委員会の設立に関するセミナー」[14]や，1971年4月に開催された「アフリカの法律手続きと個人に関するアフリカ法律家会議」[15]等，複数の場においてアフリカ人権委

員会の設立について合意が形成された.

　1973年10月には国連の人権部会とタンザニア政府との共催で「アフリカの問題と必要とに特に配慮し，人権を伸長するための新しい方法と手段を研究するセミナー」が開催され，OAUの主導のもとにアフリカの人権条約を準備する必要があり，OAUによる人権を伸長し保護することを目的としたアフリカ委員会の設立を目指し，そのために適当な措置をとることを求めた，1969年のセミナーの勧告に同意する旨の決定を行った[16]. さらに，1979年9月10日から11日間にわたり，国連主催でリベリアのモンロビアにおいて「アフリカにおける地域的人権委員会の設立に関するセミナー[17]」が開催された. ここではアフリカ人権委員会の構成と権限が討議され，「全アフリカ人権委員会設立のためのモンロビア提案」が採択された. これらのことから，国際社会においてアフリカにおける新たな地域人権保障システムの設立への関心は高まりつつあったといえる[18].

　このような国際社会の動向を受けて，OAUは1979年11月28日から「人権と人民の権利に関する憲章草案作成のための専門家委員会」を開いた. ケバ・ムバイエ（Kéba Mbaye）を議長としてセネガルの首都ダカールで開催されたこの委員会において，前文と本文63か条からなる草案（ダカール草案）が作成された[19]. この時，後述のように，当時セネガル大統領であったサンゴールが，後のバンジュール草案の起草方針に影響を与える演説を行った.

　ダカール草案は，1980年6月にガンビアのバンジュールで開かれたOAUのアフリカの法務大臣などを招いた閣僚会合において検討されることとなった. 1980年6月の第1回会合では草案の11か条が審議された. 翌1981年1月の第2回会合では，残りの条文の審議が行われるとともに，新しく4か条が付け加えられることになり，これをもってバンジュール草案が完成した. これが1981年6月27日，ケニアの首都ナイロビで開催された第18回OAU国家・政府首脳会議で採択されることになった.

2. アフリカの特性と発展の権利

　このような過程で採択されたバンジュール憲章は，前文と本文68か条から成

る．バンジュール憲章では，憲章の実効性の確保の手段として，人及び人民の権利に関するアフリカ委員会の設立（第30条）を定めている[20]．バンジュール憲章の特徴として，①憲章全体を貫くアフリカ固有の歴史的社会的な特殊性の強調，②第三世代の人権とその他民主主義の確立に必要な人権の併置が挙げられる[21]．

　第一の特徴として，まずアフリカ的な人権概念が重視されていることが挙げられる．バンジュール憲章前文では「人及び人民の権利の概念に関する諸国の考え方に影響を与え，歴史的伝統の美点並びにアフリカ文明の価値を考慮に入れ」ることを明記し，第29条7項では「寛容，対話及び協議の精神をもって，社会の他の成員との関係において積極的にアフリカ文化の価値を保持しかつ強化すること」を個人の義務と規定している．

　アフリカの伝統的な価値観では，個人はトーテムの原型すなわち共通の先祖または守護神に支配された集団に溶け込んでいるとされる[22]．アフリカで生きることは個人であることの権利を放棄することであり，それは他者との協調，生者と死者，自然環境と人々あるいはそれに息吹を与える精神との安念と，平和に協力的に行動することを目的としている[23]．このことをバンジュール憲章では「すべての個人は，自己の家族の家族及び社会，国並びにその他の法的に認められた共同体及び国際社会に対する義務を有する」（第27条1項）とし，「すべての個人は，差別なくその同胞を尊重しかつ思い遣り，並びに相互の尊敬及び寛容を促進し，擁護しかつ強化することをめざした関係を維持する義務を有」し（第28条），「家族の調和ある発展を保持し，家族の結合と尊敬のために努めること，及び，いかなる時にも両親を尊敬し，困窮の時に両親を扶養すること」（第29条1項），「自己の肉体的及び知的能力を提供することによって国家社会に奉仕すること」（同2項），「社会及び国の連帯を特にそれが脅かされたとき，保持しかつ強化すること」（同4項），「自己の才能のすべてを尽くし，常に，また，すべての段階において，アフリカの統一の促進及び達成に貢献すること」（同8項）と定めている．

　また，アフリカ諸国がかつて長い期間植民地主義に苦しんできた共通の歴史を持っていることを見過ごすことはできない．バンジュール憲章では，アフリ

カの植民地的な状況からの解放への強い意欲が示されている．前文において「植
民地主義，新植民地主義，アパルトヘイト，シオニズムを撤廃し，侵略的な外
国の軍事基地」を除去し，「アフリカの完全な解放を達成すべき諸国の義務」
について規定しており，これはOAU創設の目的が反映されているものと考え
られる．

　第二の特徴として，バンジュール憲章が「人民の権利」として，発展の権利
とその他の権利を，次のとおり定めていることがある．「人民の権利」の中には，
（1）「すべての人民は，平等であ」り，「いかなることも人民が他の人民によっ
て支配されることを正当化しない」とする人民の平等（第19条），（2）「すべて
の人民は，生存の権利を有」し，「疑う余地のない，かつ譲りえない自決の権
利を有する」とし，「すべての人民は，その政治的地位を自由に決定し，並び
に自らが自由に選んだ政策に従ってその経済的及び社会的発展を追求する」と
した人民の自決の原則（第20条），（3）「すべての人民は，その富及び天然資源
を自由に処分」し，「略奪が行われた場合には，略奪された人民はその財産を
合法的に取り戻し，かつ，十分な補償を受ける」とし，「締約国は，その人民
がその国家資源から得られる利益を十分に教示しうるように，あらゆる形態，
特に国際的独占企業により行われる外国の経済的搾取を排除することを約束」
する富及び天然資源に対する権利（第21条），（4）「すべての人民は，その自由
及び独自性を十分に尊重し，かつ人類の共同遺産を平等に享受して，経済的，
社会的及び文化的に発展する権利を有する」（1項）とし，「国は，個別的又は
集団的に，発展の権利の行使を確保する義務を有する」（2項）とする発展の権
利（第22条），（5）「すべての人民は，国家及び国際の平和と安全保障に対する
権利を有」し，「国際連合憲章によって暗黙に確認され，かつ，アフリカ統一
機構憲章によって再確認された連帯と友好関係の原則が，国家間の関係を支配
する」とした国家及び国際社会の平和と安全についての権利（第23条1項），（6）
「すべての人民は，その発展に好ましい一般的に満足すべき環境に対する権利
を有する」とする環境に対する権利（第24条）が定められている．

　この2つの特徴，すなわち①アフリカ固有の歴史的社会的な特殊性の強調，
②第三世代の人権とその他民主主義の確立に必要な人権の併置は，バンジュー

ル憲章の起草段階以来の発展の権利の重視から生じたものである．1979年11月28日から12月8日の「人権と人民の権利に関する憲章草案を作成するための専門家委員会」の開会の際，サンゴールが演説を行い，憲章の趣旨について説明した[24]．その中で，彼は「人民の権利」が発展途上国であるアフリカにとって特に重要であるとし，その「人民の権利」を構成するものとして，「発展の権利，及び，国家の連帯が十分それに応える必要のある他の権利，すなわち，平和と安全の権利，健全な環境の権利，人類の共同遺産の公正な分配へ参加する権利，適正な国際経済秩序を享受する権利，最後に天然の富と資源に対する権利」を挙げ，これらが強調されることを希望した[25]．また，サンゴールは，「すべての権利は発展の権利として記される．発展の権利は，すべての経済的，社会的，文化的権利，さらには市民的及び政治的権利を統合するためである[26]」とし，発展とは生活の質の変化であり，単に経済的成長だけを意味するものではないとした[27]．

　サンゴールのこの主張は，彼自身がそれまで主張していたネグリチュードやアフリカ社会主義から出てきたものである．サンゴールにとってネグリチュードは，アフリカの文化的，経済的，社会的，政治的諸価値の総体であり，アフリカの社会主義を復元させるものであった[28]．サンゴールのアフリカ社会主義は，個人主義的・物質主義的であるヨーロッパの社会主義が行き詰まりつつあることを指摘し，そこに集団と生命とに基礎を置くアフリカ的価値を注入して，そこから生まれる新しい人道的社会主義によってこれからの社会をリードしていくべきであるという主張であった[29]．

　加えてサンゴールは，ヨーロッパの社会は個人の集まりであるのに対して，アフリカ社会は集団が個人に優越するものであり，個人の活動や必要性よりも連帯を重視する社会であるとする[30]．この共同体主義がアフリカ社会主義の本質であり，発展とは「共同体のすべての人の完全な発展を，共同体によって自由に選ばれた方法によって実現すること[32]」であるとした．この意味でアフリカにおいて共同体と発展は不可分のものであり，共同体は発展のために必要なものでもあった．それは個別の人間の発展についても例外ではない．サンゴールは，ヨーロッパにおいては，人権は集団や団体に対して個人を守ることを可能とす

る武器と捉えられていること[33]を挙げ，それゆえ孤独と隔離をヨーロッパの自由の代償とし，これによって他者との関係によってのみ可能となる人格の成長が妨げられているとした[34]．これに対してアフリカの共同体においては，人格の実現は個別性の追求ではなく，精神的な生活の探求によってなされるものであるとした[35]．

バンジュール憲章で個人に課せられる義務の規定の制定についても，サンゴールは共同体や精神的な発展と結びつける．「アフリカでは，個人の権利は，家族やその他の共同体が各人に保障する権利の中に含まれている．アフリカの権利は儀礼の形をとり，家族や共同体に対する義務と不可分のものである[36]」とした．さらに，アフリカの共同体社会においては，「自己の可能性や独自性の発展は社会の中で社会によってのみ，他者との結合によってのみ可能となるもので」，「そのため自己の生活の強化のみならず，他者の存在を実現することも人の義務である[37]」とした．

サンゴールが述べた憲章の趣旨からも明らかなように，OAUは発展途上国の立場とアフリカ地域固有の価値からアフリカにおける人権を導き出し，共同体への参加を通じての「人権の尊重」を行おうとした．OAUはアフリカの共同体主義的な人権をバンジュール憲章によって実現し，国際共同体の目的を達成しようとしたのである．

第2節　アフリカにおける「人権の尊重」

OAUのバンジュール憲章採択という行動は，「人権の尊重」を共同利益とする国際共同体内のシステムの変化の過程で生じたものである．では，OAUはいかに行動したのか，またその行動の場である国際共同体はいかなるものであったのか．このことについて行動システム理論を用いて分析する．

1．国際共同体における人権概念の変化

国際共同体には，それ自身の目的ないし目標（＝機能的必要）があり，これは国際共同体を1つの役割システムとして把握する場合の前提である[38]．本章の分

析対象の場合,「人権の尊重」が国際共同体における共同利益と捉えられる. この意味において, 国際共同体をかかる共同利益の達成を目指す1つの役割シ ステムと捉えることが可能になる[39].

ただし, 目的ないし目標を設定したからといって, それらは自動的に達成さ れるわけではなく, それが達成されるように, システムないし行動者は法に代 表されるシンボル・システムによって役割構造を決める必要がある. 役割構造 が決定されると, 実際にこれを遵守する行動者の行動の結果が, 役割構造によっ て期待されたものであるか, そして目的の実現に適っているかを評価する必要 性が生じる. かかる評価の結果, 次のことが起こる. 目標の達成に貢献すると 認められる構成要素は, その存在を保障され, システムは維持される. 貢献し ないと認められる構成要素は, 変化を余儀なくされ, これを通してシステムの 変動が生じる[40].

かかる評価の遂行には2通りの経路がある. ①システム間の相互連関やそれ に基づく各位相の循環構造の中で, 評価は相互に自動的に行われる. もしくは ②このシステムを構成する国家や国際機構などのサブナショナルな構成要素の 意志や行動に焦点を当てて, 主観的に, あるいは行動者の相互連関による総意 によって評価・不評価が決まり, システムの維持・変動が決まる[41].

バンジュール憲章採択の際のOAUの行動には, このどちらの要素もある. ①の結果, それ以前のシステムは不評価とされた. つまり, 旧植民地国の独立 という変化により, それ以前の人権概念では国際共同体の目的を達成するに適 わないものとみなされた. ゆえに, 国際共同体全体で「第三世代の人権」も含 めた「人権の尊重」という目的を実現するための協力関係が必要になったので ある. 国際共同体というシステムは, そのための行動指針を新たなシンボル・ システムで示す必要があることを自覚しつつあった. 加えて, 行動者である OAU自身もそれまでのシステムに不評価の判断をした (②). 結果として, 国 際共同体の変化を受容し促進するものとして現れたのがバンジュール憲章 (の 採択) であった.

では, OAUが行動者として所属する国際共同体はいかなるものであったの か. 本項では行動システム理論を用いて, まずこの分析を行う.

　「人権の尊重」は，今日の国際共同体における共同利益であることはすでに述べた．国際共同体において「人権の尊重」の重要性を否定する行動者はいない．もっとも，人権概念については，過去数世紀から現在にわたって議論が続いている．これは人権の内容を発展させてきた歴史的継続と変遷の過程を反映している[42]．このことに関し，ユネスコの「人権と平和」部会の部会長をしていたカレル・ヴァサク（Karel Vasak）は，世界人権宣言採択30年にあたる1977年に講演を行い，そこでそれまでの人権を２つに分け，さらに新しい人権概念の導入の必要性を主張した．啓蒙時代に獲得された市民的自由権を指す「第一世代の人権」，産業革命時代を象徴する政治的，社会的，経済的公平に関連する「第二世代の人権」，そしてそれらに加えて「第三世代の人権」という新しいアプローチが必要になってきていることを示したのである[43]．

　繰り返しになるが，植民地の独立は，第二次世界大戦後の国際社会における大きな変化の１つであった．ただし，それまで植民地として抑圧されてきた国々は発展途上国としては独立したものの，依然として植民地支配の影響が残っており，経済的にはずっと貧困状態が続いていた．そのような状況下で，人々が人間らしい生活を守ろうとする場合，国際共同体全体で協力しなければ本当の意味での「人権の尊重」を達成することはできないとして「第三世代の人権」が主張されるようになった．つまり，理論的に換言すれば，国際共同体において，国内において一般の人々が国家との関わりで問題にした「第一世代の人権」と「第二世代の人権」のみでは，その機能的必要である「人権の尊重」を達成することができないとされたのである．それまでのシステムに不評価の判断が下され，人権概念というシンボル・システムに変化の必要性が生じたということである．

　「第三世代の人権」に属するものとしてヴァサクは「発展の権利」，「健康で調和のとれた環境に対する権利」，「平和の権利」，「人類の共同遺産を所有する権利」を挙げている[44]．この中でも「発展の権利」は，1972年にセネガルのムバイエが，ストラスブールの人権国際研究所において「人権としての発展の権利」の講演をした際に初めて人権として主張された．

　ムバイエは，本当の意味での「発展」とは，生活水準の向上のことであり，

各人がよりよく生きることでなければならないとした。また，この生活水準を測る要素として，健康，食糧の消費と栄養，教育，雇用と労働条件，住まい，社会保障，衣服，余暇と自由が挙げられ，これらを高めるためには，経済的な成長のみならず，社会的・文化的な面での進歩が伴わなければならないとした。つまり，発展することとは，量的にも質的にも人の生活をよりよくすることであり，経済発展を欠かしては人権を享受できないとしたテヘラン宣言の言葉を引用して，人権と発展の間には「相互に関わる弁証法的な過程が存在する」とした。

　ムバイエのこの主張の背景には，国際社会の「発展」に対する認識の変化があった。「発展」や開発といえば，当初は経済的な発展を示すものであった。第二次世界大戦後まもなく，発展途上国や貧困にあえいでいる国々に対して国連を中心とする開発援助が行われた。しかしいくら物質的な経済援助をしても，依然として人々の生活は良くならず人間らしい生活に結びつかなかった。そのため，開発援助においては単に物質的な面だけではなく，精神的，文化的な側面をも含めて援助しなければならないと開発援助の方向性が変化してきたのである。

　1968年に国際人権会議で採択された「テヘラン宣言」では，「経済的先進国と発展途上国との間の格差の拡大は，国際社会における人権の実現を妨げている」こと，そして「人権及び基本的自由は不可分であるから，経済的，社会的及び文化的権利の享受なしには，市民的及び政治的権利の完全な実現は不可能であ」り，「人権の実施における永続的な進歩の達成は，経済的及び社会的発展に関する，健全で実行的な国内的及び国際的政策に依存する」ことが言及された。

　こうした途上国の発展をめぐる考え方は国連にも取り入れられ，1970年に国連総会で採択された「第二次国連開発の10年」の戦略は，「発展の究極の目標は，個人の福祉の持続的な進歩をもたらし，すべてのものに利益を与えるものでなければならない。不当な特権，極端な富裕や社会的不正が存続するなら，発展は，その基本的な目的を達成しえない」とした。1979年の国連貿易開発会議においてもヨハン・ガルトゥング（Johan Galtung）が，「発展とは人間性の発展を

意味するものである」と，経済的な発展は目的に向かうための手段であること，発展はすべての人間をいかに発展，向上させるかということを目的にしなければならないと主張した[51]．また，1979年10月に国連大学とハーグ国際法アカデミーの共催で開かれ，国際司法裁判所の判事やR. J. デュピュイなど著名な国際法学者も参加した「国際的レベルにおける発展の権利」のコロキアムでは，発展の権利は人間性を開花させるための権利であり，そのために必要な様々な人権を総括した総合的な権利であることを確認している[52]．「発展」を，単なる物質的な面だけで捉えるのではなく，人間としての基本的なニーズをいかに満たし，人間性をいかに開花させるかという捉え方の重要性が高まってきていたのである．

そして1986年12月には，「発展の権利」を人権として認め，その内容を明らかにすることを目的とした「発展の権利に関する宣言」が国連総会において採択されることになった．「発展の権利に関する宣言」前文は，「発展とは，人民全体及びすべての個人が，発展とそれがもたらす諸利益の公正な分配に，積極的かつ自由に，また有意義に参加することを基礎として，彼らの福祉の絶えざる増進をめざす，包括的な経済的，社会的，文化的及び政治的過程である」とし，「とりわけ市民的，政治的，経済的，社会的及び文化的権利の否認によって生じている，発展並びに人間及び人民の完全な自己実現に対する重大な障害の存在を憂慮し」，「すべての人権及び基本的自由は不可分かつ相互依存的であ」り，「発展を促進するためには市民的，政治的，経済的，社会的及び文化的権利の実施，促進及び保護に，同等の注意及び緊急の配慮が払われなければならないこと，したがって，ある種の人権及び基本的自由の促進，尊重及び享受は，他の人権及び基本的自由の否認を正当化することはできない」ことを表明した．

このように，人権問題を考える上で国際共同体の構造変化に対応する必要性が認識され，国際共同体の行動者は，人が人として生きるための権利としての人権の創設を余儀なくされた．当時の国際共同体は，新たに独立した旧植民地諸国がそのメンバーとなることで，それまでのシステムから変化した．発展途上国の実情とニーズが現実から抽出され，そしてそれは発展途上国のみならず国際共同体全体に伝達された．それによって共同利益である「人権の尊重」の

意味が変化し，開発の概念や「第一世代の人権」「第二世代の人権」との関係で組織化され，「発展の権利に関する宣言」を含んだシンボル・システムが，国際共同体の機能的必要の達成に向けて機能するよう変化した時代であった.[53)]

2．アフリカと国際共同体の相互連関

　OAUのバンジュール憲章採択という行動は，「人権の尊重」を共同利益とする国際共同体の構造変化の過程で生じたものである．この節では，そのOAUの行動がいかなる性格を有するものであったかに焦点を当て，分析を行う.

　第2章で明らかにしたように，OAU/AUは加盟国からの役割を受けてパン・アフリカニズムを追求しつつ，「人権の尊重」を内面化した行動者である．ただし，当時の「人権の尊重」の概念はヨーロッパを起源とするものであり，アフリカ諸国の実情からは距離があった．これは，サンゴールの主張にも見てとれる．そのためOAUは，アフリカ独自の人権保障の枠組みであるバンジュール憲章の採択に漕ぎつけた．これは，「人権の尊重」に発展途上国としての立場とアフリカ地域固有の価値を組み込もうとした結果である．自己の利害システムに基づいて，人権概念についてもアフリカの立場を国際共同体に示したのである.

　さて，本書の理解では，システムの機能とは行動者間のインプット・アウトプットであった．これは上位システムと下位システム間でも行われる．国際共同体に本格的に参入したアフリカ諸国から，国際共同体全体に対して刺激がインプットされた．新植民地支配からの脱却の必要性，第三世代の人権の必要性の訴えがそれである．発展を経済的な側面のみならず，人間としての基本的なニーズをいかに満たし，人間性をいかに開花させるかを重視した「発展の権利」についての主張は，「人権の尊重」を内面化したアフリカ諸国にとっては，利害システムから生じた主張である．国連憲章や世界人権規約といった従来のシンボル・システムの尊重を求める役割システムの機能ではない.

　ここに紛争の契機がある．なぜなら，システムにおいて安定条件が満たされなくなったためである．旧植民地国の独立は，システムにとって安定性を破壊するほどの与件すなわち外生変数の変動であり，それまでの第一世代の人権,

第二世代の人権では社会の機能的必要あるいは両当事者の要請に対応しえなくなった．この場合にはシンボル・システムは，立法過程によって社会の機能的必要を満たし，また両当事者を満足させるべく改正・改定されなければならない[54]．国際共同体レベルのシンボル・システムである「発展の権利に関する宣言」はその成果であるといえる．

さらに，上位システムである国際共同体全体の変化を，下位システムであるOAUはインプットとして受け取った．加えて，国際共同体のアフリカの人権保障についての関心の高まりもインプットされた．欧米諸国や国際機構からの民主化要求もその1つであろう[55]．当時のアフリカ諸国は深刻な経済危機に直面しており，それだけに経済的援助とセットで行われる民主化要求と「人権の尊重」はOAU加盟国に大きな影響を与え，役割システムを強く意識させた．

当時アメリカ大統領ジミー・カーター（Jimmy Carter）によって進められていた「人権外交」と，第二次ロメ協定に人権条項を挿入させようとしたEC提案は，アフリカ諸国，特に人民の支持を失い対外援助に頼って辛うじて持ち堪えている人権侵害政権にとっては，無視できるものではなかった[56]．カーター政権は，重大な人権侵害を行っている外国政府に対して，経済・軍事援助を削減もしくは停止する政策を展開した．1975年に修正された対外援助法第116条aは，人権侵害国に対する二国間援助を禁止し[57]，さらに「アフリカ開発銀行」も含む多数国間経済援助については，財務長官が派遣されているアメリカ代表に対して人権侵害を行っている国家への融資に反対するよう指示すべきであるとし，1977年にはすべての国際金融所機構にこの規則が導入された[58]．

EC閣僚理事会は，自国民の市民的・政治的権利を侵害しているACP（African, Caribbean and Pacific）諸国に対する援助の停止を制度化するため，第二次ロメ協定の中に人権条項を入れることを提案した[59]．しかし，最終的に第二次ロメ協定では人権について言及されることはなかった．なぜなら，締結前最後，1979年5月に開催されたACP-EEC閣僚理事会の2か月後，OAUがモンロビアでの第16回国家・政府首脳会議において，アフリカにおける人及び人民の権利についての憲章草案を準備するため，できるだけ早く専門家の会合を召集することを事務総長に要請する決定をしたからである[60]．この決定は，アフリカ諸国内

で発生した人権問題をアフリカ内部で解決する意思があることを示すことになり，第二次ロメ協定の中に人権条項を挿入する必要性を減退させたが，EC提案がOAUのこの決定に与えた影響もかなり大きかったものと解される[61]．

　OAU自身も国際共同体全体の役割システムを意識していた．このことは，バンジュール憲章の採択過程で国連などの動きから影響を受け，OAU自身も採択に向けての行動を起こしてきたことからも明らかである．加えて，OAUの関心の変化からも役割システムへの関心を汲み取ることができる．第2章で述べたように，OAUは当初，植民地主義をアフリカから一掃するためにアフリカを統一することを目的として設立された．そのため，1970年代までOAUの主たる人権の関心事は植民地問題と南アフリカのアパルト政策であり，加盟国内の人権問題の解決について消極的であった．例えば，1964年のルワンダにおけるフツ族によるツチ族の虐殺及び1972年から1973年のブルンジにおけるツチ族のフツ族の虐殺について，OAUは何も積極的な役割を果たしていない[62]．

　しかし，ウガンダのアミン，中央アフリカのボカッサの残虐な行為は，OAU加盟国の内政不干渉原則に固執する態度を変えていく[63]．例えば，1975年にアミンを議長として第12回OAU国家・政府首脳会議がカンパラで開催されたが，タンザニア，ザンビア，ボツワナの3国はアミン政権による人権侵害を理由にこれを欠席した[64]．タンザニアはさらに，OAUは植民地主義国や人種主義国による人権侵害を非難する一方で，アフリカにおけるアフリカ人に対する虐殺，抑圧，拷問には沈黙したままであるとし，人権問題に対して内政不干渉原則を選択的に援用するOAUのダブル・スタンダードを非難した[65]．

　加えて，1979年にモンロビアでのOAU国家・政府首脳会議において，リベリアのトルバート（William Tolbert）大統領が，開会に際して，それまで人権問題に対するアフリカの取り組み方や，人権侵害に対し加盟国が抗議しなかったことを非難する演説を行った[66]．

　仏語圏中央アフリカのボカッサによる1979年の人権侵害についても，アフリカの変化が見て取れる．仏語圏のアフリカ諸国はこのボカッサによる事態を重く見て，1979年5月の第6回仏語圏アフリカ諸国首脳会議（Franco-African Conference of Heads of State and Government）において，その実態の調査を行うため，

アフリカ人法律家で構成される国際調査委員会を派遣することを決定した。OAUは結局，ボカッサの人権侵害について正式な非難決議を採択することはなかったが，OAU加盟国においては「人権の尊重」について関心の重心が移行しつつあった。[67)]

　このような利害システムと役割システムが相互連関した結果，バンジュール憲章が採択された。OAU加盟国は，利害システムの機能的必要を満たすために，発展途上国という立場とアフリカ社会主義的な人権概念を，バンジュール憲章という新たなシンボル・システムの形成によって主張したのである。また，経済的支援の獲得も利害システム由来の行動であると理解できる。しかし一方で，この出来事は，それ以前から構築されていた「人権の尊重」を目的とした国際共同体秩序や，国連をはじめとする他の行動者の行動からも影響を受けたものである。内政不干渉原則に固執していたOAUが，アフリカでの人権保障メカニズムへの関心の高まりを見過ごさず，アフリカ内部の人権侵害にも無関心な態度ではなくなったという変化は，OAUの利害行動のみでは説明ができない。つまり，OAUも社会的事実が存在する間接的相互連関の社会に組み込まれ，役割システムを意識していたものといえる。これは，当時の国際社会共同体でその目的である「人権の尊重」という機能的必要を満たそうとした結果である。

　国際共同体は複雑であり変動する。それゆえ，国際共同体の実態を表示・伝達する働きを持つシンボル・システムも変動し，また，国際共同体を制御し組織化し直す。「人権の尊重」も例外ではなく，変化してきたシンボル・システムである。初めに国家に抑圧されてきた人間が，人間らしく生きるためにまず自由・平等が求められ，その後，自由・平等だけでは済まない経済社会的な人権問題が生じ，さらには人間性を開花させるための総括的な権利として「発展の権利」が求められるようになった。これらは，どれも人間が人間らしく生きるために必要となる土台の提供であり，その意味で「人権の尊重」は共同利益であり続けている。

　OAUも様々なシステムから成り立つ複雑な行動者であって，システムとしてその内部を問うことができる。OAUは，国際共同体におけるアフリカの人権保障への関心の高まりと国際共同体の変化を考慮に入れ，その上でアフリカ

の共同体主義的な人権の実現によって「人権の尊重」に貢献しようとした. OAUは, バンジュール憲章というシンボル・システムの形成によって, OAU の利害システム, つまり加盟国レベルから求められる役割システムと, 国際共同体全体から求められる役割システムを架橋した. 加盟国と国際共同体の主張をすり合わせ, 矛盾の解決策を提示したのである.

　OAUは, 他の行動者とは異なるシンボル・システムに依拠することによって, アフリカにおける「人権の尊重」を志向しつつ, 同時に国際共同体の共同利益の達成を目指すことを選択した. これは, 序章で述べたグローバリゼーションの進展から生じるパラドックスの回避につながった.「人権の尊重」の普遍化が求められる一方で, 異なる文化的背景や経済的事情を持つ行動者が存在するのが国際共同体である. その中で地域国際機構が地域の特殊性を反映したシンボル・システムを提示することは, 役割システムとしての国際共同体と, 実際に行動し「人権の尊重」の実現を担う行動者間の調整や協力につながる.

　複合社会としての側面を強める国際共同体は, 複数のシンボル・システムが存在し, またそれらは統一的ではないことがある.[68] 統一的でないことによって, 多元的な下位シンボル・システムが形成される. 国際共同体における一般的シンボル・システムは, それらの下位シンボル・システムと相互連関をすることによって, より豊かに発展していくのである.

注

1）　千葉 2007: 35.
2）　Mahalu 1985: 3.
3）　Benedek 1985: 61.
4）　本章は, 拙稿（2021）「行動システム理論によるバンジュール憲章採択過程の分析——地域機構による国際的な規範の受容と調整——」『立命館国際研究』34巻, 1号, pp. 101-123を加筆・修正したものである.
5）　UN Doc. A/RES/1514（XV）.
6）　OAU憲章の訳は, 香西・安藤 2002を参考にした.
7）　UN Doc. A/RES/1803（XVII）.
8）　アミン政権による人権侵害によって, 25万人とも言われる犠牲者が出た（詳細は, Kuper 1985: 133などを参照）.

9） ボカッサは巨額を投じた豪華な戴冠式の開催や，自身所有の工場で製作した高価な制服の着用を児童に強要し，それに背いた者を刑務所に収容し，さらに150人以上を惨殺した（詳細はWelch 1981: 406-407などを参照）.

10） Yusuf 2014: 42.

11） Kannyo 1984: 165-166.

12） 田畑 1988: 191. また，以下のバンジュール憲章採択の過程については，Bello 1985: 21-31，松本 1986: 137-144，田畑 1988: 191-199を参照の上要約.

13） 詳細は，The African Conference on the Rule of Law 1961.

14） UN Doc. ST/TAO/HR/38.

15） 詳細は，Conference of African Jurists on African Legal Process and the Individual 1971.

16） UN Doc. ST/TAO/HR/48, paras. 108, paras. 127-128.

17） UN Doc. ST/HR/SER.A/4, Annex Ⅰ, pp.17-20. なお，このモンロビア提案で示された委員会の構成・権限については，その後バンジュール憲章制定時にモデルとして参照された（田畑 1988: 196）.

18） 田畑 1988: 194-195.

19） ダカール草案全文は，Heyns ed. 1999: 65-77. また，ダカール草案とバンジュール草案のより詳細な内容は，大内 2017: 116-121を参照.

20） 同じく憲章の実効性を支えるアフリカ司法・人権裁判所については，第4章で扱う.

21） 龍澤 2006: 250-253. 本章で述べた2つに加えて，この憲章がOAU加盟国の国内法秩序に導入されたことも特徴として指摘されている.

22） ムバイエ 1984: 880.

23） ムバイエ 1984: 880.

24） サンゴールの演説全文は，Heyns ed. 1999: 78-80.

25） Heyns ed. 1999: 79.

26） Heyns ed. 1999: 79.

27） Heyns ed. 1999: 79.

28） 小田 1975: 9-11.

29） 小田 1975: 11; 土屋 1978: 206-207.

30） Senghor 1974: 307.

31） Senghor 1974: 307.

32） Heyns ed. 1999: 79.

33） Heyns ed. 1999: 79.

34） Vaillant 1990: 257-258.

35） Senghor 1964: 275.

36） Heyns ed. 1999: 80.

37)　Senghor 1964: 277; Senghor 1971: 307.

38)　廣瀬 1998: 122.

39)　廣瀬 1998: 122-123.

40)　廣瀬 1998: 123-126.

41)　廣瀬 1998: 126.

42)　イシェイ 2008: 35.

43)　Vasak 1977: 29.

44)　Vasak 1977: 29.

45)　Mbaye 1985: 298.

46)　Mbaye 1985: 298.

47)　Mbaye 1972: 513.

48)　Mbaye 1972: 513.

49)　龍澤 2006: 242-244.

50)　UN.Doc. A/RES/2626（XXV）.

51)　Galtung 1979: 3.

52)　Dupuy, R.J. ed. 1979.

53)　役割構造を表示するシンボル・システムの形式は，象徴化の過程＝シンボルと現実との間の相互変換過程を経て形成される（廣瀬 1998: 59）.「第三世代の人権」及びその一部である「発展の権利」もこのような過程を経て形成されたと考えられる.

54)　廣瀬 1970: 266.

55)　以下，アフリカ諸国への外圧やその経緯については，Bello 1985; 21-31; 松本 1986: 131-134を参照の上要約.

56)　松本 1986: 131-135; Ouguergouz 2003: 36-37.

57)　Sec. 211, Pub. L. 94-302, 22 USCA 283y, 290g-299（sup. 1976）, United States.

58)　Sec. 701（f）, Pub. L. 94-118,91 Stat. 1067 of October 3, 1977, United States.

59)　European commission 1979: 257.

60)　OAU Doc. AHG/Dec.115（XVI）, Art. 2（b）.

61)　松本 1986: 134.

62)　Levitt 2003: 112-113.

63)　松本 1986: 127；田畑 1988: 190-191.

64)　松本 1986: 122.

65)　松本 1986: 122.

66)　Ojo and Sesay 1986: 93.

67)　Thomas 1985: 74-75.

68)　廣瀬 1970: 158.

第4章
アフリカ連合による国際的な規範への働きかけ
——国際刑事裁判所との緊張関係から——

　国際共同体における普遍的な法規範は，多様な争点領域における行動者間の調整と合意（コンセンサス）によって生成される．第3章では，普遍的な法規範を内面化したアフリカ連合（AU）が地域内に妥当する規範を提示し，国際共同体と加盟国を架橋した事例について分析した．これは地域国際機構であるAUがその加盟国に働きかける仕組みを形成することによって，国際共同体レベルのシンボル・システムの機能的必要を満たそうとした過程であった．それとは対照的に，地域国際機構が国際共同体に働きかけることによって，国際共同体と加盟国を架橋する過程も存在する．すなわち，地域国際機構が提示した規範が，国際共同体レベルでの妥当性を持つことによって，国際共同体と加盟国間の折り合いをつける過程である．この過程の存在は「多様性の確保」をも基本原理として含む国際共同体において，多様な利害システムを持つ行動者が存在することから得られる帰結である．AUも例外ではなく，調整にあたって地域内で形成したシンボル・システムを用いて国際共同体に妥当性を提示しようとしてきた．

　そこで本章では，国際刑事裁判所（ICC）とAUが緊張関係に至った経緯を分析することを通じ，国際共同体への働きかけを行う地域国際機構が，国際共同体レベルのシステムと地域的なシステムの間の調整役としての機能を果たすことを明らかにする．

第1節　ICCとAUの緊張関係の経緯

　ICCとAUは，「平和構築」などを共同利益とする国際共同体の行動者であるが，それぞれ利害システム，役割システム，シンボル・システムを持ち，そ

の相互連関によって各自が行動を起こしている．では，2009年以降のICCとAUの確執はいかにして生じたのであろうか．本節では，ICCという行動者とそのAUとの緊張関係の経緯について概説する．

1．ICCによる正義の追求

　まず，国際刑事裁判メカニズムを担うICCは，ローマ規程（後述）によって設立され，2003年から活動を開始している国際的な刑事裁判所であり，次のとおり，2つの歴史認識に立脚し設立された[5]．第一に，20世紀の間に「何百万人もの児童，女性及び男性」が残虐な行為の犠牲になってきたという認識である（ローマ規程前文第2段落）．残虐行為という重大犯罪は，被害者に犠牲を強いるだけではない．「世界の平和,安全及び福祉を脅かす」存在であり（前文第3段落），そのためそのような犯罪が「国際社会全体の関心事」であるとしている（前文第4段落）．第二に，そのような重大な「犯罪を行ったものが処罰を免れる」という不処罰の文化がこれまで存在してきたという認識である（前文第5段落）．不処罰の文化を終わらせるためにICCは存在し，また「そのような犯罪の防止に貢献すること」をその役割としている．これらの重大犯罪に対して「刑事裁判権を行使すること」は，ICCのみならず「すべての国家の責務」であるとされる（前文第6段落）．国家に対しても同様の責務を認めることは，不処罰の文化に終止符を打つためには必要不可欠である．

　ICCの設立の根拠となっているのは，1998年に採択され，2002年に発効した「国際刑事裁判所に関するローマ規程」（ローマ規程）である．本章ではこのローマ規程をICCのシンボルに位置づける．国際社会全体の関心事である最も重大な犯罪（ジェノサイド罪，人道に対する犯罪，戦争犯罪，侵略犯罪）について管轄権を持ち，責任を有する個人を裁くために設立されたICCは，「独立した常設の国際刑事裁判所」として存在する（前文第9段落）．ICCは，国連や安全保障理事会のような国際政治を行う機関ではなく，永続する常設の司法機関として存在する．ICCの権限行使は，手続き上，それらの重大犯罪が行われたと考えられる事態を締約国や国連安全保障理事会がICCの検察官に付託した場合（第13条b），あるいは検察官が所定の手続きに従って捜査を行う場合に開始される（第

13条c）．ただし，ICCは無制限に権限を与えられているわけではなく，その行使に当たってはいくつかの条件や制限が存在する[6]．第一に，ICCは警察組織や法執行機関を持たない．そのため，ICCが発行する逮捕状の執行や犯罪人の拘留においては，諸国家の協力が必要不可欠である．第二に，補完性の原則が適用される．すなわち，ICCは，事件に管轄権を持つ国家が捜査や訴追を行う意思や能力がない場合でなければ事件を受理することができない（第1条，17条）．しかし，のちに述べるケニアの事例のように，当該国家に意思や能力があるか否かはICC予審裁判部が判断することができる（第17条3項）．国内の裁判所がすでに同一事件について捜査を行っていても，ICC検察官は予審裁判部の判断に基づいて独自の捜査を行うことができる[7]．

2．ICCとAUの確執

このようなICCと同様に，AUは国際社会の重大な犯罪に対処する姿勢を示している．後述のように，ICC設立当時において，アフリカ統一機構（OAU）やアフリカ諸国はその存在に賛意を表明していた．しかし，その後のAUとICCの関係は良好とはいえない．AU内部において，ICCに懸念を示す決定が度々採択されているのである．なぜAUはICCに対して不満を持ったのであろうか．このことに関し，特に国際的な影響力が大きかったスーダンとケニアの事例を取りあげることで，AUが不満を抱くに至ったその経緯について説明する．

AUがICCに対する懸念を最初に表明したのは，2009年2月のAU総会の決定であった[8]．これは，ICCがスーダン共和国の当時現役の大統領であったバシール（Hasan Ahmad al-Bashīr）を被疑者として捜査していることを問題視して採択されたものである．この決定は，ダルフールでの重大な人権侵害を引き起こした加害者を処罰するという姿勢を示しつつ，AUが行ってきたスーダンの和平プロセスがICCの捜査によって阻害される可能性について触れ，ICCによる捜査の延期を国連安全保障理事会に要請するものであった．しかし，このAU総会の決定とそれに基づく要請にも関わらず，ICCは3月にバシール大統領の逮捕状を発行した[9]．それに不満を感じたAUは，同年7月に「ICC非協力決議」[10]とも呼ばれる決議を採択した．この決議において，AU総会は，免除の放棄及

び引き渡しへの同意に関する協力についてのローマ規程第98条を根拠に，AU
加盟国はバシール大統領の逮捕及び移送に協力してはならないとし，ICCへの
非協力姿勢を明確に示した[11)]．なお，既述のとおり，ICCは警察組織を持たない
ため，ICCが発行する逮捕状の執行やその後の拘留においては，諸国家の協力
が得られなければICCの訴追手続きには大きな支障が出るであろうことは想像
に難くない．またAUは，AU及びその加盟国は尊厳と主権及び大陸の統一性
を保持するために必要な決定や措置をさらに採用する権利があることを強調
した[12)]．

　2009年以降も，AU総会はICCとの関係に関する決議を採択し続けていた．
スーダンの事例に加えて，ケニアの事例でもAUはICCへの批判を強めた．ケ
ニアでは2007年から2008年にかけて発生した大統領選挙後の騒乱において，
1300人とも言われる多くの死傷者が出た．この事態について，ICCの検察官は
2012年にケニヤッタ（Uhuru Muigai Kenyatta）大統領らの訴追に踏み切った．そ
の際，騒乱への関与の容疑で当時の副大統領を含む6名がICCに召喚された．
ケニア政府は自国が新しい憲法を制定し法改正を行えば，ICCに事態を付託せ
ずとも国内裁判が可能であると主張をしたが，ICCはそれを認めず捜査を続行
した．それについて，AUは2013年5月の会合で，ICCは補完性の原則に基づ
いて事件を司法制度が改善されたケニアに委ねるべきであること，また，ICC
のスーダンのバシール大統領とケニアの高官に対する手続の一時停止を求める
AUの要求にもかかわらず，安保理がそれを受け入れなかったことに対して遺
憾の意を表明した[13)]．

　その後，2013年10月，AUは緊急会合を開催した．これはICCにおいて予定
されていたケニアのルト（William Ruto）副大統領とサング（Joshua Arap Sang）
の事件に関する手続期日である，9月10日の数日前に，ケニアの議会がICCか
らの脱退を検討しはじめたことに起因した[14)]．この緊急会合においてAUは「ICC
とアフリカの関係に関する決定[15)]」を採択し，①AU加盟国の秩序と安定及び一
体性を守るため，AU加盟国の指導者に対して，その任期中に刑事手続の開始
や継続がなされてはならないこと，②ケニアの現役指導者であるケニヤッタ大
統領及びルト副大統領の裁判は，彼らの任期が終了するまで一時停止されるべ

きであること，③2013年11月12日の公判開始の前に，ケニア及びスーダンの諸
事件の中断を含めたICCとAUとの関係に関するすべての事項について，国連
安保理と協議を行うためのグループを設置すること，④ジェノサイド罪，人道
に対する罪及び戦争犯罪といった国際犯罪を裁くためにアフリカ人権裁判所の
権限拡大の手続を早めることなどを含む，12の事項を決定した．

　以上の背景を踏まえて，AUのICCに対する反発の要因は次の2点が考えら
れる．第一に，ICCが扱う事件の顕著な地域的偏りが挙げられる．2016年に
ジョージアの南オセチア紛争がICCの検察官の職権によって捜査開始となった
が，2002年の活動開始から2015年まで，ICCによる訴追は，ウガンダ，コンゴ
民主共和国，スーダン，中央アフリカ，ケニア，リビア，コートジボワール，
マリとアフリカの国家のみであった．ICCが扱う事件がアフリカに集中するこ
とに対して，AUはICCがアフリカに対する西側の新植民地主義の道具となっ
ているとし，特にガザやイスラエルなど，アフリカ以外の戦争犯罪の疑いに対
してICCが踏み込んでいないというICCの二重基準を疑っていた．実際，ICC
はアメリカやロシアなど大国自身やその同盟国が関与する事態に対する管轄権
の行使には慎重である[16]．

　加えて，ICCに事態を付託する安保理の常任理事国のうち，アメリカと中国
とロシアはローマ規程非締約国である．そのため，これらの大国はICCによる
訴追を逃れながら，国連安保理の常任理事国としてICCを利用することが可能
であるという不平等も問題視されてきた．実際にアフリカ以外の地域でも深刻
な人権侵害が発生している状況がある以上，他の地域の事態に対する捜査や訴
追を積極的に進めることなしに，ICCがその活動の正当性を認めさせることは
困難である．したがって，より普遍的な事態の取り扱いを実現することが，事
態を付託する締約国や安保理，そしてICC検察官に求められている[17]．

　ただし，このような評価に対しては，ICCが扱う事件の大半は，コンゴ，ウ
ガンダ，中央アフリカ共和国のように，アフリカ諸国自身が事態をICCに付託
したものであり，国連安保理が付託したのはスーダンとリビアの2件で，検察
官の職権による付託はケニアのみであることを考慮するならば，地域的偏りは
ICCの意図ではないという評価もある[18]．

　また，ICCへの批判は，特にウガンダ，スーダン，ケニアから発せられている．これらの国々の不満の真の理由は，次のとおりである．ウガンダの不満は付託後の国内事情の変化によりICCによる介入を望まないようになったことから来る．他方，スーダンとケニアの不満は，自国の同意を得ずに行われた国連安保理による付託や検察官の職権によって捜査開始されたことから来る．したがって，いずれにしても，ICCの管轄権の行使が地域的偏りなく効果的に行使されることを目的とした批判ではないと評価することもできる[19]．

　AUの2つ目の不満点として，現職や元国家元首といった指導者層に訴追が集中していることが挙げられる[20]．従来，国家元首や閣僚，外交官など，国家を代表する公的地位にある者には，外国の裁判管轄権が及ばないという免除の原則[21]が適用されてきた．また，国家の主権との関係も問題となる．なぜなら，事態の継続中に現職の指導者が訴追されるということは，ICCが国家の内政に介入することを示すからである．国家元首など政府高官の訴追が，国際社会という外部の介入による強制的な国家体制の変革を意味することは否定できない．特に，国家元首が国内において人民による選挙によってその地位を得ている場合は，問題はさらに複雑化しうる．

　もっとも，国家元首等が国際法違反について個人の刑事責任を問われることは，歴史的に認められる[22]．古くは1899年と1907年のハーグ条約ですでに認められており，またその後1948年のジェノサイド条約（第4条），1973年のアパルトヘイト条約（第3条）でも明記されている．政府高官もその立場を理由に刑事責任から逃れることは難しいのである．しかしながら，結局のところICCとAUとの関係悪化の発端となったのは，ICCのバシール大統領の訴追であった．その後，アフリカ諸国の国家元首や政府高官を犯罪者として刑事責任を追及するICCの事件は数を増し，リビアの最高指導者であったカダフィ（Muammar Gaddafi）及びその側近の事件や，コートジボワールのバグボ（Laurent Gbagbo）前大統領の事件，前述したケニアのケニヤッタ大統領やルト副大統領の事件など，国家の指導的立場に立つ者を被疑者として捜査開始する事件が続いた．このアフリカの政府高官を犯罪の被疑者として数多く訴追している事実は，アフリカ諸国の現役指導者達がICCを警戒の目で見つめる原因となった[23]．

第2節 ICCとAUの離齬

1. ICCとAUの利害システム,役割システム,シンボル・システム

本節では,第1節で述べたAUとICCの確執を行動システム理論で分析する.まず,行動システム理論では,国際共同体は,国家,国際機構,個人を含むサブナショナルな行動者によって構成され,これらの行動者の間の特定の相互連関あるいは連帯として把握されるものであった[24].その意味で国際共同体は1つのシステムである.同時に,この相互連関ないし連帯を通して個々の単位である国家,国際機構,個人などの集合が,それ自身1つの独立の行動者として把握される[25].また,国際共同体には,それ自身の目的ないし目標があり,これは国際共同体を1つの役割システムとして把握する場合の前提である[26].本章の分析対象の場合,「平和構築」,さらにはICC設立の動機であり,事態の当該地域では社会再建の際にも重要視される「国際社会の重大な犯罪に対し,責任あるものに対する不処罰の歴史に終止符を打つ」が国際共同体における共同利益と捉えられる.国際共同体を上記の達成を目指す1つの役割システムと捉える.

では,このように国際共同体を形成する各行動者のシステムはどのように構成されているのであろうか.本来,ICCは法的機関である.つまり,国連安保理のような国際政治を行う機関としてではなく,国家や国際機関その他一切の影響力から独立する司法機関として存在する[27].ICCには,国際社会の最も重大な犯罪に対し,責任あるものに対する不処罰の歴史に終止符を打ち,被害者の権利を国際的に確立することが求められる.このことは,ICCの利害行動であると同時に,役割期待行動ともなろう.つまり,ICCは政治的な影響から距離を置く司法機関であるため,利害システムと役割期待システムが一致するところのシンボル・システムの機能的必要の達成を純粋に志向する.すなわち,利害システムに基づき司法を正しく適用することを希求しつつ,国際共同体からも役割期待システムに基づき同様の行動を希求される.したがって,この意味においてICCは利害システムと役割システムとが一致している行動者である.

他方AUは,その設立規約で目的とされているアフリカ地域の統一や,アフ

リカ地域外からの干渉の回避など，アフリカの問題はアフリカで解決するという パン・アフリカニズムを追求する行動者であった．このことは，ICCに対するAUの不満からも明らかである．

　しかし，1998年のICCを設立するための作業過程当時，AUの前身であるOAUは国際的な刑事裁判所への期待を持っていた．実際，OAU加盟国に対してICCを設立するためのローマ規程を批准するよう呼びかけを行っている[28]．加えて，ICC締約国は123か国，アフリカからはその4分の1以上の33か国が締約国である．このことからもわかるように，アフリカはICCへの関心が高い地域であるといってよい．したがって，ICCの設立の根拠となっているローマ規程の成立に，アフリカ諸国の行動は大きく貢献したといえる．理論的に換言すれば，ローマ規程は，国際共同体及びアフリカの期待をシンボルの体系として表象していると評価することが可能なのである．

　上述したとおり，国際社会を共同体秩序と認識するとき，「平和構築」，「処罰の徹底」はシンボル・システムとして機能している．ではICCという制度は，現実に妥当しているのか．現実の国際関係において機能を果たしていると評価できるのであろうか．この点について，AUはICCの取り扱う事態に顕著な地域的偏りが生じているという矛盾や，政府高官などの免除に関する慣習法規則があるにもかかわらず政府高官を訴追対象としていることに不満を感じていた．したがってAUとICCの確執は，ICCの役割側面と実態的側面に乖離があることにAUが不評価の判定をし，反発したものであったと評価できる．このようなICCとの緊張関係の中，AUは以下のとおり2つの行動をとった．

　第一に，アフリカ司法・人権裁判所の設立の決定を行ったことである．AUにおいて国際刑事裁判管轄権を持つ裁判システムを形成する試みは，1970年代[29]や，アフリカ人権裁判所の創設が議論された1980年代，アフリカ人権裁判所とアフリカ司法裁判所の統合が決まった2004年と2005年にも案としては存在していた．しかし，事態が動いたのは2009年であった．スーダンとケニア，2つの出来事を受け，AU総会は2009年に裁判所設立案の検討をAU委員会に要請し，AUは2014年にマラボ議定書を採択し，国際刑事法部門をも含むアフリカ司法・人権裁判所の設立を決定した．

　アフリカ司法・人権裁判所は，総務部門と人権部門，そして国際刑事部門の
３部門で構成される（裁判所規程第16条１項）．本章ではICCとの関係を取り扱う
ことから，国際刑事部門に着目する．アフリカ司法・人権裁判所の国際刑事部
門は，ジェノサイド罪，人道に対する罪，戦争犯罪，政府の憲法に反する変更
に関する罪，海賊，テロリズム，外人傭兵，腐敗，マネー・ローンダリング，
人身売買，不法な麻薬取引，危険な廃棄物の不法な取引，天然資源の不法な開
発，侵略の罪と，ICCよりも幅広い犯罪に対して管轄権を持つ．アフリカ司法・
人権裁判所の独自性としては，対象犯罪の拡大，企業に対する裁判管轄権の創
設，免除の原則の優先などが挙げられる[30]．

　この中でICCとの関係で特に問題とされるのは免除の原則の優先であろう．
免除の原則に関してICCは，「公的資格無関係の原則」を採用して，国家元首
や政府首長または政府高官といった被疑者の公的な地位にかかわらず訴追を行
うことを原則として掲げている．これに対してAUのアフリカ司法・人権裁判
所は，現職のAUの国家元首や政府首長及び政府高官に対しては訴追を行うこ
とができないと明文で定めている．すなわち，AUの国際刑事裁判制度はICC
とは異なり，公的資格無関係の原則よりも免除の原則に優越性を与えた[31]．

　第二に，2017年に行われた「脱退戦略文書」（Withdrawal Strategy Document）[32]
の採択が挙げられる．脱退戦略文書はAU のICC に対する態度が要約されて
いる重要文書であり，以下のような戦略が提示されている．AUが脱退戦略文
書において主張することは，①ICCが取り扱う事態に顕著な地域的偏りがある
ことからも伺える，アフリカに対して偏見を抱いているかのような態度の改善
を始めとするICCの改革・改善を求めること，②国連安保理などICC 以外の
機関の改革を視野に入れることによって，国際社会全体の動向の中で問題を捉
える姿勢を打ち出すこと，③アフリカ諸国の国内の司法制度・活動の充実のた
めに，ICCを中心とする国際機関が活動すべきであること，④締約国とICCと
の間に，AU という地域国際機構が介在すべきことを認め，国際刑事法のアフ
リカにおける地域化という大きな政策的方向性を提示することの４点である[33]．
このことから，AUはICCからの脱退のみを訴えているのではなかったことが
わかる．脱退戦略文書は，ICCに対する不満から，既存の制度の改革の要求と

新たな地域的な活動の導入の表明をその目的としていた．

2．AUの機能とその可能性

　このような行動をとったAUとICCの緊張関係を理論的に換言すれば，国際共同体の単一社会の側面と複合社会の側面の両面の並存から生じているということがいえる．単一社会と複合社会の相違は，行動者の意思を超えて存在し，行動者の行動の指針を与える一般的シンボル・システムの存在を認めるか否かであって，そのどちらの側面を主眼において対処するかによって，問題の解決の仕方が異なるということである．[34]

　まず，ローマ規程は，行動者の間接的相互連関の結果，一般的シンボル・システムとして形成されたものである．間接的相互連関では，国際法や国際的な道義などの国家を超える価値システムを媒介に行動者間の行動が行われる．[35] 本章で分析対象としたICCのメカニズムのもとでは，「平和構築」，「国際社会の重大な犯罪に対し，責任あるものに対する不処罰の歴史に終止符を打つ」という共同利益を媒介にして，ICC加盟国やAUが行動している．そのような共同利益の実現を目指すにあたって，間接的相互連関においては法を媒介にした秩序形成が不可欠であり，ローマ規程というシンボル・システムが形成され，ICCが設立された．AUもICCの創設時は反発の姿勢を示していなかったことを踏まえると，この共同利益に対する認識を共有し，ローマ規程を一般的シンボルとする単一社会的な国際共同体に参加していたことは明らかである．

　一方で，ICCとの関係におけるAUの行動は，国際共同体の複合社会の側面から生じてきたことも否定できない．複合社会においては，争いの両当事者が共通に認める価値や理念は必ずしも存在しないのである．[36] 国際共同体秩序においてICCメカニズムは共同利益の実現を目指しているが，その実現の仕方についてはICCとAUの両者が正当と認める価値基準が存在していなかった．共通の価値基準が存在しないにもかかわらず，ある基準を持ち込んで正・不正を判断し，不正なものに強制措置を加えるという行動をとったがために，不正と判断された側の反発を招いたのである．[37] AUも共同利益を共有していることは，現在も役割システムを意識し，ICCの改革要求及びAUの法の枠組みを用いる

ことによって重大な犯罪について処罰を行う姿勢を示していることからもうかがえる．ただしその実現については，役割システムよりも利害システムが優位の直接的相互連関の側面からのアプローチが試みられている．

前節で述べたとおり，ICCの設立当初，ICCはアフリカ諸国にとっても共同利益の達成に貢献する構造であった．当時のアフリカ諸国の積極性の背景には，アフリカ諸国の利害システムが垣間見える．なぜなら，アフリカ諸国またはその国の指導者からすれば，国内の統治基盤が脆弱で内部に分裂を抱える場合，欠如している能力の補填を国際社会に求め，またそれによって自らの国内統治についても国際的な正当性を獲得できる制度になりうるからである[38]．国家指導者にとっては敵対政治勢力を排斥して自らの統治者としての正統性を追求ないし維持するための手段として，より強い政治性を帯びうるのである[39]．実際に，ウガンダや中央アフリカなど，自国領域内の事態を締約国である当該国が自らICCに付託する事態が多数存在する．これらは，政府が反政府勢力の犯罪を問題にしてICCに付託したものであり，内戦下で政府がICCを利用して敵対勢力の排斥を図る意図が伺える[40]．

しかし，アフリカ諸国の利害システムは変化した．アフリカ諸国がICCに賛同する前提は変化していたのである．本書の理解では，システムとはインプット・アウトプットを交換し合う行動者の集合である．AU設立の目的とされているアフリカ地域の統一や，ICCに対するAUの不満からも明らかなように，アフリカ地域外からの干渉の回避や，アフリカの問題はアフリカで解決する姿勢は利害システムに位置づけられる．既に述べたとおり，ICC批判の筆頭であるウガンダ，スーダン，ケニアの国々の不満の真の理由は，付託後の国内事情の変化によりICCの介入を望まないようになったこと（ウガンダ），自国の同意を得ずに行われた国連安保理による付託や検察官の職権によって捜査開始されたことであった（スーダン，ケニア）．

インプット・アウトプットを交換し合う行動者の集合としてのシステムという理論上の前提を踏まえると，次の帰結に至る．アフリカ以外の地域でも深刻な人権侵害が発生しているにもかかわらず，ICCが他の地域の事態に対する捜査や訴追を積極的に進めていないこと，現職や元国家元首といった指導者層に

訴追が及んだことはICCからAUへの刺激とならざるを得ない．この刺激が利害システムの変化につながったと解すことが，アフリカ司法・人権裁判所において免除の原則の優先を採用したことから見ても妥当である．

　本来，ICCとアフリカ司法・人権裁判所がその管轄権行使の対象としているジェノサイド罪，人道に対する犯罪，戦争犯罪，侵略犯罪は，特に権力者によって侵される可能性が高い犯罪であって，これらの犯罪について免除の原則を優先することは望ましくない．なぜなら，処罰の徹底と犯罪の抑止という基本的な目的が達成できなくなってしまうからである．そういった意味では，ICCとAUの緊張関係の中で，AUは，国際共同体全体から求められる役割システムよりも，ICCメカニズムにおける自身の利害の達成に，より重点を置いて行動している側面があると言わざるを得ない．

　見方を変えれば，アフリカ諸国の利害システムの変化により，均衡システムは紛争過程に入ったものということができる．この紛争は，均衡条件が満たされていない場合と，安定条件が満たされていない場合に発生する[41]．均衡条件，存在定理，安定条件のうちのいずれかが成立せずして起こった紛争の場合には，所与の法のもとにおける司法過程によっての紛争解決はありえず，立法過程によって解決されねばならない[42]．実際，AUは当初，AU総会の決定や「ICC非協力決議」等をICCに向けてアウトプットすることで，ICCの機能の変化をうながしたのである．

　しかし，AUにとっての機能的必要の達成はこのことのみでは解決できなかった．そこで，アフリカ司法・人権裁判所の設立の決定と「脱退戦略文書」の採択で自身の構造に変化を与え，それを刺激としてICCにインプットし，ICCの構造を機能的必要の達成に貢献するよう変化を促した．すなわち，自身の構造の変化によって紛争の解決を試みてきたのである．

　また，AUの直接的相互連関の側面の重視が共同利益の実現の阻害になるとは限らない．特定の地域に焦点を当てることを予定して設計されたわけではないICCには，個別の地域の実情に合わせて対応していくことは困難である．ICCはアフリカからは離れたオランダのハーグにおいて運営されており，事態が起こっている地域からは見えない正義には問題があるともされている[43]．ICC

は平和構築に重大な貢献をなすが，あくまでも法的機関としてであり，そのため必然的に制約がかかってしまう．AUの行動は，そのような状況を捉え，改善を推進する可能性を示しているという見方も可能である．

　確かに，AUが免除の原則を重視することによって重大な人権侵害の加害責任者が処罰されずに放置されることは，国際共同体の平和構築に向けての阻害要因になることは考えられる．しかし，「処罰の徹底」が，「平和構築」という機能的必要を満たすにあたっては，現地社会による持続的な政治社会システムの維持が不可欠になる[44]．結局のところ，現地において安定的で平和な社会を作り出すには，そこに住む現地の構成員自身が，自らの社会の永続的な平和を確立していかなければならないのである[45]．実際にAUも国際共同体全体からの役割を無視しているわけではない．ICCの改革の要求や，AU自体もアフリカ人権裁判所の権限拡大など制度整備を進めており，自身の法の枠組みを用いることによって重大な犯罪について処罰を行う姿勢を明確に示している．

　AUはパン・アフリカニズムの追求を目的とする地域国際機構である．アフリカの特殊性やその実情を背景に，地域における連帯を通じてアフリカ独自の体制を作り上げる存在である．そのような存在であるならば，国際共同体というアフリカ外部との相互連関のみならず，アフリカ内部から求められる役割も考慮に入れる必要がある．実際，脱退戦略文書においても，ICCの改革を求めると同時に，アフリカ地域の司法制度に対する援助も求めている．加えて，アフリカ自身での問題解決を目指す姿勢の表れとして，国内レベルでは伝統的な住民主体の紛争解決システムに着想を得た「ガチャチャ法廷」（ルワンダ）[46]などの試みがあった．もっともそれは十分な結果を得られないままに終わっているが，その失敗の要因は多様な現地社会の実情とこれらの試みの乖離にあるとされる[47]．そのため，脱退戦略文書で要求されているアフリカの司法制度改善に対する援助についても，普遍的であろうとするICCにいかなる支援が必要であるのか訴えかける必要がある．地域に伝統的な方法をもって解決を図るにあたっても，現地とICCとの架け橋となる役割がAUには求められている．

　AUは，アフリカの問題はアフリカ自身で解決することを基本方針としている．しかし，AUは「平和構築」と「処罰の徹底」を共同利益とする国際共同

体秩序からの単なる脱退を志向しているのではない．AUは「平和構築」を
ICCとの相互連関の中で追求する中で，アフリカ地域の問題に効果的に対処す
るには新たなシンボル・システム形成が必要であることを認識した．そこで，
よりアフリカの実態に根付いたアプローチが可能であり，かつ，そのようなア
プローチが必要とされる地域国際機構の立場から，アフリカ司法・人権裁判所
の設立という新たな地域的な活動の導入と，脱退戦略文書の採択という既存の
制度の改革提案といったことを通じて，国際共同体に対する働きかけを行った．

　さらに，そのような規範の生成・発展を促す可能性の1つとして，例えば，
ICCとAU間で，国際的な規範と当事国の価値を反映させるための協議会のよ
うな制度の形成が提案できる．より具体的に言えば，次のとおりである．ICC
の裁判官とAUのアフリカ司法・人権裁判所裁判官双方で構成される協議会を
設置する．当該協議会には，適用するシンボル・システムについて事態ごとに
協議を行い，当該事態をICCとアフリカ司法・人権裁判所のどちらで扱うかに
ついて意見を述べる権限，及びICCとアフリカ司法・人権裁判所のシンボル・
システムをすり合わせて新しいシンボル・システムを形成し，それに基づく裁
判をICCもしくはアフリカ司法・人権裁判所に行わせる権限を付与する．その
上でこの協議会の意見にICCとアフリカ司法・人権裁判所の両者が合意する場
合は，その下で事態を取り扱う．つまり，この協議会は，互いのシンボル・シ
ステムの調整の場として機能しうる．

　ICCとアフリカ司法・人権裁判所という制度を持つAUは，「平和構築」と
いう共同利益の達成を志向する行動者であり，同一のシンボル・システムを持
つ行動者である．しかし，そのアプローチの仕方については齟齬が生じている
状態である．ICCは間接的相互連関の側面を重視し，AUは直接的相互連関の
側面を重視して，共同利益を達成しようとしている．さらに，ICCとAUの間
には，まだ両者が共に正当と認める価値基準が存在していない．これは，シン
ボル・システム内の共同利益達成へのアプローチの仕方のレベルにおいて，紛
争（が起こる可能性）が生じていると理解できる．システムの均衡条件が満たさ
れていないがために，行動者の行動が一意的に定まっていない状態である[48]．

　そこで協議会という，両者のアプローチのレベルにおけるシンボル・システ

ムをすり合わせる機能を持った一般的シンボル・システムを形成する．各々の
アプローチを完全に別個のものとするのではなく，協議会というシンボル・シ
ステムのもとに統合する．それによって，1つの多元的なシンボル・システム
を形成する．このような形で，一般的シンボル・システムによって調整された
下位シンボル・システムは，互いに矛盾があったとしても併存することが可能
となる．つまり，「協議会からの提言」という制限条件の追加によって，アプロー
チのレベルにおけるシンボル・システムを均衡状態に復帰させるのである．制
限条件が追加されることで，システムの均衡条件が満たされ，紛争（が起こる
可能性）は解消される．これにより，AUとICCは協働できる可能性が生まれ，
互いに共同利益達成のためのパートナーとなることも考えられる．

　このことは，さらに，ICCの弱点を補うこともできる．ICCの弱点として，
第一に柔軟性に欠ける点が挙げられる．ICCは常設的な裁判所であり，その管
轄権に地理的な制限を持たないことから，普遍的な性格があるとされる．しか
し，普遍的であるということは，画一的であり，個々の国家の状況を反映した
裁判の運営を可能にする適応力を持っていないということと表裏一体である．

　1994年のルワンダ国際刑事法廷以降の暫定的な刑事裁判所の事例から，社会
集団間の和解の促進も，国際刑事裁判権の行使が国内社会に与える効果として
期待される．国際刑事裁判によって特定の個人の責任を問うことは，民族集団・
宗教集団に責任が帰せられることの回避につながる．実際に犯罪行為を命令・
実行した個人を特定し，責任の所在を明確にすることで，集団間の和解・融和
の基盤の形成を促すのである．

　このように，国際的な裁判所の現地社会への影響を考慮すると，裁判手続が
当該事態に関連する地域やその近接する場所で行われ，犯罪の影響を受けた
人々に広く理解されることは重要な要素となる．確かに，裁判の実効性に不可
欠の公平性や客観性を確保する上では，その地域から離れた場所で裁判を行う
ことには意味がある．しかし，実効性のみに焦点を当てるアプローチが，現地
における「平和構築」にいかほど効果的に貢献できるかについては疑問が
残る．

　その点，アフリカのことはアフリカで扱おうとするAUが関与することにな

れば，より現地の事情を反映しやすく，犯罪の影響を受けた市民にとってもより受け入れられやすくなるであろう．また，このことはアフリカ地域に限定したことではない．アジアやイスラム世界でも，紛争の原因や解決において，それぞれの文化や宗教が無視できない影響を与えることもある．そのような場合も協議会は有用である．宗教法家などの専門家を評議会のメンバーに入れることができれば，より柔軟に，より地域の特性に合わせて事態に対応することが可能となるであろう．この意味で，評議会はICCに発展性をもたらす．

　またICCの第二の弱点として，関係国家の同意を得ることなしに機能できないという点が挙げられる[56]．なぜならば，ICCの容疑者・被告人の身柄引き渡しや，証拠・証言の確保など手続き的な側面は，国家の協力に大きく依存するためである[57]．ICCが効果的に捜査・訴追を行うためには，関係国家からの同意が必要不可欠となる．しかし，国家の権力の座にある者を訴追の対象とする限り，その同意を得ることはしばしば困難を伴う場合がある[58]．

　そのような場合に，関係国家からの同意を得，効果的な捜査を行うための現実的な選択肢として，ハイブリッド刑事法廷という手段が考えられるようになった[59]．ハイブリッド刑事法廷は，当事国による同意の下で設立され，以下の3点を特徴を有する[60]．①国際法と国内法の両方が適用され，②国内と国際職員並びに国内と国際判事によって構成され，③予算については，裁判の受入国も主たる拠出国として想定された任意拠出によって運営される．つまり，国内的及び国際的な特徴を持ち，加えて，事前に当事国からの捜査・訴追に関する協力への同意を確保した上で設置される法廷である[61]．特にAUが関与することによって受入国側の同意をより取り付けやすくなった事例として，南スーダンハイブリッド刑事法廷が挙げられる．

　南スーダンでは2013年12月にディンカ族のキール（Salva Kiir）大統領側とヌエル族のマシャール（Riek Machar）前副大統領側との対立をきっかけに大規模な暴力が発生した（2013年12月危機）[62]．この事態を解決すべく2015年8月に大統領側と前副大統領側の間で交わされたのが，「南スーダンにおける衝突の解決に関する合意文書」（Agreement on the Resolution of the Conflict in the Republic of South Sudan: ARCSS）である．南スーダンハイブリッド刑事法廷は，ARCSS第

5章でその設置が求められ，ジェノサイド，人道に反する罪，戦争犯罪及びジェンダーに基づく性暴力を含むその他の重大犯罪について管轄権を持ち，国民統一暫定政府，AU委員会，そして国連事務局の三者による覚書の締結によって活動が開始されるとされている.[63]

　2013年12月危機においては南スーダン政府の関与が指摘されており，ICCが捜査を行う場合，キール大統領自身や政府高官が訴追の対象となる可能性がある.[64] また，国連が関与するハイブリッド刑事法廷でも重大犯罪への恩赦は認められていない.[65] そのため，地域の政治的意図を尊重するAUを交えたハイブリッド刑事法廷であることは，南スーダン政府にとって比較的受け入れることができる選択肢であった.[66] つまり，AUの関与は，ICCや国連による一方的な介入を避けたい南スーダン政府にとって，ハイブリッド刑事法廷設置に前向きになる要因の1つであったのである.[67] 加えて，国際的な関与が伴う南スーダンハイブリッド刑事法廷は，国内司法での裁判よりも，民族間の緊張を伴う当該事態を独立性と公平性をもって扱うことができる可能性がある.[68] このことは，民族間の衝突を経験した人々の疑念を緩和し，法に則った判決を受け入れやすい環境を整えることにも貢献しうる.[69]

　このように，AUが当事国の意思を担保するような形で国際的な刑事裁判に関与するような試みはすでになされている. ただ，ハイブリッド刑事法廷は，事態に対して事後的に設置される. すべての法における責任制度は，行われた違反行為に対するサンクションという事後的矯正措置としての意味だけでなく，違反行為を事前に防止するという抑止的効果が期待される.[70] この点，AUとICC間の協議会の形成は，ハイブリッド刑事法廷より高い効果を期待できるであろう. 暫定的なものではなく，制度として協議会を形成することによって，より安定した形で違反行為に対する抑止的効果が得られる.

　国際共同体の「平和構築」にあたって，国際刑事裁判は，複雑な役割を果たすことを期待されている. AUとICCの両者は，方法は違えど共同利益を満たそうとする行動者である. そのため，上記のような協議会の形成は，より両者の相互連関を深め，国際共同体における「不処罰の徹底」を促進する可能性がある.

注

1）　大平 2017: 169.

2）　渡邊 2021: 39.

3）　ただし，地域国際機構が提示する規範が国際共同体レベルで妥当しさらに普及する
　　かについては，その地域国際機構が持つ経済力などのパワーが影響することも否定で
　　きない（Wurzel and Connelly 2011: 13-15; 渡邉 2021: 39）．地域国際機構はEUが最大
　　の事例であるが，本書ではヨーロッパ起源の価値観や制度とは異なった事情を持つア
　　フリカに焦点を当てるため，規範の提案がどのような意味を持つのかについての考察
　　に止める．

4）　本章は，拙稿（2020）「国際刑事裁判所との関係におけるアフリカ連合の動向――行
　　動システム理論からの国際機構の分析――」『立命館大学人文科学研究所紀要』123巻,
　　pp. 269-295を加筆・修正したものである．

5）　東澤 2007: 31-32.

6）　東澤 2013: 4.

7）　ただし，ローマ規程締約国に限る．非締約国である場合には，ICCは当該国家にICC
　　の管轄権の受諾について同国に求める必要がある．

8）　AU Doc. Assembly/AU/Dec.221（XII）.

9）　lCC-02/05-01/09-192, 4 March 2009.

10)　AU Doc. Assembly/AU/Dec.245（XIII）Rev.1.

11)　AU Doc. Assembly/AU/Dec.245（XIII）Rev.1.

12)　AU Doc. Assembly/AU/Dec.245（XIII）Rev.1.

13)　AU Doc. Assembly/AU/Dec.482（XXI）.

14)　稲角 2014: 78.

15)　AU Doc. Ext/ Assembly/ AU/ Dec.1.

16)　Isanga 2013: 303-304; 稲角 2014: 82.

17)　東澤 2013: 8-9.

18)　稲角 2014: 83.

19)　稲角 2014: 83.

20)　稲角 2014: 84-85.

21)　特権免除または免責特権とも呼ばれ，慣習国際法上，国家元首や外交官などは他国
　　の裁判所の管轄権に従うことを強制されないとされる（稲角 2009: 100）.

22)　森下 2009. 35-36.

23)　稲角 2014: 84-85.

24)　廣瀬 1998: 119.

25)　廣瀬 1998: 122.

26)　廣瀬 1998: 122.

27)　東澤 2007: 32-33.

28)　OAU Doc. ACHPR/Res.59（XXXI）02など.

29)　アパルトヘイトの処罰への関心の高まりが，裁判システム形成に関する議論を呼び起こした1つの要因であった（Abass 2013: 936-937）.

30)　龍澤 2017: 27-28.

31)　稲角 2014: 90.

32)　AU（2017）"Withdrawal Strategy Document",《https://www.hrw.org/sites/default/files/supporting_resources/icc_withdrawal_strategy_jan._2017.pdf》[2023年9月11日最終閲覧]．ただし，AUはICCへの反発について一枚岩ではなく，シエラレオネ，コートジボワール，ザンビア，ナイジェリア，マラウイ，セネガル，ボツワナといった国々は，脱退戦略文書においてICC支持の立場を表明している.

33)　脱退戦略文書に併せて，Vilmer 2016: 1328-1334も参照.

34)　廣瀬 1995b: 134.

35)　廣瀬 1995b: 135.

36)　廣瀬 1995b: 134.

37)　廣瀬 1995b: 134.

38)　下谷内 2019: 71.

39)　下谷内 2019: 71.

40)　下谷内 2019: 71-72.

41)　廣瀬 1970: 235-236.

42)　廣瀬 1970: 266.

43)　稲角 2014: 88.

44)　篠田 2007: 169.

45)　篠田 2007: 169.

46)　詳細は佐々木 2016: 272-275.

47)　佐々木 2016: 278-291.

48)　廣瀬 1970: 236.

49)　廣瀬 1970: 160-161.

50)　廣瀬 1970: 237.

51)　古谷 2014: 31.

52)　古谷 2014: 32．冷戦後最初の国際刑事裁判所である1993年の旧ユーゴスラビア国際刑事法廷は，武力紛争終結後の国内社会の融和と安定よりも，内戦が継続する状況下でこれを沈静化させる手段の1つとして構想された（古谷 2014: 32）.

53)　古谷 2014: 32.

54）古谷 2002: 101.

55）古谷 2014: 32.

56）古谷 2014: 21-22.

57）古谷 2014: 29.

58）実際，ケニヤッタの訴追は，ICC検察局が求めた資料がケニア政府から提出されないなど捜査に行き詰まり，その結果2014年12月に訴追が取り下げられることになった（ICC-01/09-02/11-983, 5 December 2014）.

59）藤井 2016b: 133.

60）藤井 2016b: 133.

61）藤井 2016b: 137.

62）詳細は，藤井 2016a.

63）国民統一暫定政府の樹立から 6 か月以内に覚書が締結され活動開始するはずであったが，2023年現在，未だ活動開始には到っていない.

64）藤井 2016a: 115.

65）UN Doc. S/2004/616.

66）藤井 2016a: 116.

67）藤井 2016a: 116.

68）藤井 2016a: 113.

69）藤井 2016a: 113.

70）古谷 2014: 9.

終 章
地域国際機構の機能

　本書では，アフリカ連合（AU）の人権保障制度を事例に，国際的及び地域的なシンボル・システムの調和における地域国際機構の機能を分析した．

　国際社会を国際共同体という1つのシステムとして捉えるとき，現代では共同利益とも呼べるシンボル・システムが存在する．「人権の尊重」はその1つであり，国際的な合意のもとで世界人権宣言や国連憲章などの普遍的なシンボル・システムが形成された．したがって，現在の国際共同体には，この「人権の尊重」を一般的シンボル・システムとする単一社会の側面が存在するということができる．しかし一方で，複合社会の側面の存在も否定できない．現代の国際共同体では多種多様な価値観が存在し，その重要性も認められている．グローバリズムは「多様性の確保」もその基本原理としており，実際ユネスコの「文化多様性に関する世界宣言」（2000年），国連の「ウィーン人権宣言」（1993年）など文化的多様性を認めるシンボル・システムが形成された．これらのシンボル・システムは，「人権の尊重」という機能的必要を満たすためには，その価値と実現の仕方において「多様性の確保」を考慮する必要があることを示している．

　以上を総合すると，普遍的シンボル・システムの他に，文化相対的なシンボル・システムと，その両面を持つシンボル・システムが形成され，これらが相互連関することで「人権の尊重」の達成を志向しているのが現代の国際共同体であると言えよう．このシンボル・システムの構造によって，普遍的なシンボル・システムは他のシンボル・システムと調和することが可能になり，国際共同体における行動者は自己の主張を容易に表明できるようになった．すなわち，行動者は自己の依拠するシンボルを選択し，それに基づいて自分の住む社会（システム）の在り方を設計する（もしくは変える）ことができるのである[1]．

　本書では，そのような自己の依拠するシンボルを操作する行動者として，地域国際機構であるAUを事例とし，その行動を分析してきた．それによって得られた結論は以下のとおりである．

　通常，地域国際機構は地域内の連帯を基礎に形成される[2)]．これは，AUについても同様である．地域的な法体系としてのアフリカ統一機構（OAU）憲章やAU設立規約はアフリカ人民の特定のニーズと願望に応え，パン・アフリカニズムの理想に合致したアフリカ諸国の統合と連帯に貢献するような形で，アフリカ諸国間の関係を規律するために形成された[3)]．ただし，その形成過程には，かかる地域社会を超えた国際社会からの影響が多分に見て取れる．実際，シンボル・システムであるパン・アフリカニズムの発展の経緯は，植民地主義に反対し，その被害を受けたアフリカ人民の人権保護とアフリカの解放を求めることのみならず，国際共同体全体から求められる，他国に介入される存在としての役割システムに否を唱えるという利害システムの主張から生じた紛争の過程であった．そして，その紛争解決の手段としてアフリカ諸国は，OAU憲章を採択し，その後も国際共同体からの刺激の変化に対応する形で，「人権の尊重」と民主主義の原則の尊重を確保する規定を含むAU設立規約を採択したのである．

　このAU設立の決定に至るまでの歴史は，OAU/AUが，「人権の尊重」を内面化した過程であった．換言すれば，地域内の協調を通じて得られる利害システムの達成を目指すために形成された地域国際機構であるAUであるが，国際共同体において自己の利害システムを達成するためには，国際共同体全体の利益（＝「人権の尊重」の達成）をも考慮に入れる必要があることを認識した過程であった．

　より具体的に説明すると次のとおりとなる．「人権の尊重」というシンボル・システムを内面化したOAU/AUは，それを達成するにあたり，国際共同体と加盟国の二方向それぞれに対する役割機能を果たすための機能を有している．つまりOAU/AUは，まず，アフリカ地域内に国際共同体で普遍的とされる「人権の尊重」を広く浸透させるという役割を果たしている．AUは内面化した「人権の尊重」を加盟国に遵守させることによって，その達成に貢献する．OAU/

AUは，他方で，ヨーロッパ起源の普遍的であるとされる「人権の尊重」の具体的内実がアフリカの地域的な事情とは相容れない場合に，国際共同体に対して，人権に関するアフリカ固有の立場を主張するという役割を果たす．このような二方向に対する役割機能を通じて，OAU/AUは「多様性の確保」と相互連関する「人権の尊重」を同時に達成することを試みているのである．

　この二方向の役割を同時に達成するために，AUはバンジュール憲章という独自のシンボル・システムを採択した．OAU/AUは，アフリカ諸国の統一の促進，アフリカの価値に基づく自己主張を歴史的に試みてきた存在である．また，サンゴールの演説にも表れているように，アフリカにはアフリカの人権概念があるとされ，文化相対的なシンボル・システムが存在する．その結果OAU/AUは，アフリカの文化相対的なシンボル・システムを反映させたバンジュール憲章の採択に至った．ここで注意すべきなのは，世界人権宣言，国際人権規約など普遍的なシンボル・システムや国際共同体から求められる役割を無視していたわけではないということである．このことは採択過程におけるアフリカ外の行動者からの影響や，バンジュール憲章が世界人権宣言，国際人権規約を参照していること，OAU憲章，AU設立規約で国連憲章と世界人権宣言の尊重について言及していることから明らかである．すなわちバンジュール憲章は，アフリカのシンボル・システムと普遍的なシンボル・システムが調和したものであるといえる．発展途上国を加盟国に多く持つOAU/AUは，その立場を主張し，人権概念についてもネグリチュードに基づく「人権の尊重」を主張した．これは，OAU/AUが地域内に妥当するシンボル・システムを新たに提示し，それに依拠することを選択してアフリカにおける「人権の尊重」を志向し，国際共同体の共同利益の達成を目指した過程であった．このようにAUという地域国際機構は，国際共同体からの影響を受け，それを加味した地域内にも妥当する独自のシンボル・システムを形成することで，地域内で「人権の尊重」が達成されるための多元的な仕組みの形成に貢献してきた．

　一方で，そのように形成されたシンボル・システムが，国際共同体へ働きかける場合もある．AUと国際刑事裁判所（ICC）の確執がまさにそれであった．ICCという国際共同体レベルのメカニズムと，異なるシンボル・システムを持

つAUとの相互連関過程において，重大な人権侵害に対する対処の仕方に齟齬が生じた．その際AUは，利害システムからアフリカ司法・人権裁判所の設立と，「脱退戦略文書」の採択という行動をとった．ただしAUのこの行動は，「処罰の徹底」や「平和構築」を軽視しているわけではなかった．AUはICCメカニズムを絶対視せず，自己の法の枠組みを用いて，これらの実現の方法の再検討をしたのである．

　アフリカ地域やAUは，自己が主体となって構築したものではない国際共同体の制度の中に組み込まれ，参加していく行動者である．そのため，国際共同体レベルのシステムにはアフリカには合わない規範も存在する．その齟齬に直面した際，国際共同体の行動者であるAUは，自己の利害システムに基づいてアフリカの利益を追求したいがために，アフリカ独自のシンボル・システムを形成する動きをしてきた．これこそがOAU憲章/AU設立規約であり，バンジュール憲章であり，アフリカ司法・人権裁判所設立の決定や脱退戦略文書であった．地域的なシンボル・システムと普遍的なシンボル・システムを調和させた独自のシンボル・システムを作ることによって，AUはアフリカにおける「人権の尊重」をアフリカの理想を反映したものにし，国際的なシンボル・システムとのバランスを取ってきたのである．このシンボル・システムの調和は，AUがアフリカの利害システムのみではなく，国際共同体全体から求められる役割システムをも行動原理に含んでいるため生じる．すなわちAUの行動は，普遍的なシンボル・システムを否定するのではなく，国際的なシンボル・システムと地域的なシンボル・システムを調和させることによって，多様性を通じた普遍性の尊重を意図したものであるといえる．以上を踏まえ本書では，地域国際機構であるAUは，国際共同体全体のシステムとアフリカの特有のシステムとの間を，独自のシンボル・システムの形成によってバランスをとる，いわば調整役としての機能を持つと結論づける．

　グローバリゼーションが進む現代において，「人権の尊重」の場面では，様々な交渉を通じて人権に関する国際的な合意が形成され，その範囲が拡大している．このことは裏を返すと，すでに形成されている国際的なシンボル・システムにまだ合意していない行動者が，それに追従するかどうか，また追従すると

すればいかに追従するかを試行錯誤する過程でもある．多様な価値観や背景を
持つ行動者が存在する国際共同体において，「多様性」を確保しつつ「人権の
尊重」を達成するには，そのような試行錯誤をする場としての地域国際機構は
存在感を増しつつある．AUはまさに，グローバル化する複雑な現代国際社会
において，普遍性と多様性をめぐるパラドックスに対処すべく行動する代表的
なエージェントの１つと言えよう．

　本書で明らかになった地域国際機構の調整役という機能をより詳細に分析す
るには，地域国際機構が形成した独自のシンボル・システムの影響を検討する
必要がある．そこで次の２点を今後の課題としたい．国際共同体のシンボル・
システムからの影響を受けた地域国際機構独自のシンボル・システムは，地域
国際機構の加盟国国内秩序に定着したのか．また，加盟国の利害を反映した地
域国際機構独自のシンボル・システムは，国際共同体レベルの秩序にいかに影
響を与えるか．これらについて詳細な検討を行うことによって，国際共同体に
おける行動者間の複雑な相互連関の過程がより明らかになると考える．このこ
とは，「多様性の確保」の重要性が認識され，多様な行動者が存在する現代の
国際共同体において，多種多様な価値観に基づいて発せられる主張についての
理解と，行動者間の協働を促進するであろう．

注
1）　廣瀬 1998: 101.
2）　田畑 1988: 136.
3）　Yusuf 2014: 19.

あ と が き

　本書は，2023年に立命館大学国際関係研究科に提出した博士学位申請論文「行動システム理論分析による国際的および地域的な人権規範の調和における地域国際機構の機能の研究――アフリカ連合を事例として――」を加筆修正したものである．本研究を遂行し，まとめるにあたって，実に多くの方にお世話になった．この場を借りて，感謝の意を述べさせていただきたいと思う．

　思い返すと，博士論文の主題を決めることに一番苦労した．漠然と抱いた疑問を，いかに主題化させ論じるかという課題には，博士後期課程を通して常に向き合い続けた．今でこそ全体と個の間の離齬やその調整について明らかにしていきたいとわかるものの，当初はその疑問をうまく表現できず，思いついたことを雑然と話すことしかできなかったように思う．そんな私に，主査であり指導教員の川村仁子先生は根気強くお付き合いくださった．論文の執筆方法から学術的なアドバイスに至るまで，熱心かつ温かなご助言をくださり，研究に迷った際に方向性や問題解決の糸口となる助言をいただく時はとりわけ勇気づけていただいた．

　また，川村先生の親しみやすいお人柄にも大変励まされた．「研究は楽しくやろうね」という先生のお言葉は，遅々として進まない研究に焦りや苛立ちを感じた時，度々私を冷静にしてくれた．加えて，観劇にご一緒させていただける時は，観劇自体もさることながら前後の川村先生とのおしゃべりも楽しみで，そのご褒美があると思うと研究に対するエネルギーも湧いてきた．このように様々な面で見守ってくださった川村先生には，感謝の念に堪えない．

　また，龍澤邦彦先生，南野泰義先生には，博士論文完成に必要不可欠な様々なご助言，ご配慮をいただいた．龍澤先生には博士前期課程では指導教員，博士後期課程では副指導教員として，南野先生には博士前期課程からの副指導教員として，長期にわたって研究がより良いものになるよう導いていただいた．さらに，君島東彦先生，そして富山大学の池田伎祐先生は，お忙しい中でも丁

寧に論文を読んでくださり，貴重なコメントをくださった．これまでご指導く
ださった諸先生方に心より厚く御礼申し上げる．

　そして，在学中に経済的かつ精神的に支えてくれた家族と，多くの友人たち
にも感謝申し上げる．特に，数年前からの行動システム理論についての読書会
などでお世話になっている山口達也さん，昨年急逝した幼馴染の扇可奈美さん
には，博士論文から本書の執筆にいたるまで大いに励まされた．

　最後になるが，本書の刊行にあたってご尽力いただいた株式会社晃洋書房の
西村喜夫さん，そして「立命館大学大学院博士課程後期課程博士論文出版助成
制度」によって研究書として発信する機会をくださった立命館大学に深く感謝
申し上げる．

参 考 文 献

日本語文献

五十嵐美華（2019）「シンボルとしての人権規範――国際法社会学の視点から――」『立命館国際関係論集』18号，pp. 1-20.

――――（2020）「国際刑事裁判所との関係におけるアフリカ連合の動向――行動システム理論からの国際機構の分析――」『立命館大学人文科学研究所紀要』123巻，pp. 269-295.

――――（2021）「行動システム理論によるバンジュール憲章採択過程の分析――地域機構による国際的な規範の受容と調整――」『立命館国際研究』34巻1号，pp. 101-123.

――――（2023）「行動システム理論によるアフリカ連合設立過程の分析――地域機構における国際的な規範の内面化――」『立命館大学人文科学研究所紀要』135巻.

イシェイ，ミシェリン・R（2008）『人権の歴史――古代からグローバリゼーションの時代まで』横田洋三監訳，明石書店.

伊藤不二男（1965）『ビトリアの国際法理論――国際法学説史の研究――』有斐閣.

稲角光恵（2009）「国家元首や高官の刑事手続からの免除と公的資格無関係の原則との相克」『金沢法学』52巻1号，pp. 95-144.

――――（2014）「国際刑事裁判所（ICC）とアフリカ諸国との確執」『金沢法学』56巻2号，pp. 71-97.

岩沢雄司（2020）『国際法』東京大学出版会.

エスピエル，H・グロス（1983）「東西関係と人権問題――ヘルシンキ宣言をめぐって――」斎藤惠彦訳，高野雄一・宮崎繁樹・斎藤惠彦編『国際人権法入門』三省堂，pp. 428-447.

エンクルマ，クワメ（1962）『自由のための自由』野間寛二郎訳，理論社.

大内勇也（2017）「バンジュール憲章における発展の権利と個人の義務――サンゴールとムバイエの視点から――」『国際人権』28号，pp. 116-121.

大沼保昭（1998）『人権，国家，文明――普遍主義的人権観から文際的人権観へ――』筑摩書房.

大平剛（2017）「グローバル開発ガバナンスの実現――UNDCFとGPEDC間の調整をめぐって――」西谷真規子編『国際規範はどう実現されるか――複合化するグローバル・ガバナンスの動態――』ミネルヴァ書房，pp.166-197.

奥野保男（1988）「アフリカと非同盟運動」『国際政治』88号，pp. 158-171.

小田英郎（1964）「現代アフリカとパン・アフリカニズム——アフリカにおける主体性の問題を中心として——」『法學研究：法律・政治・社会』37巻4号，pp. 51-74.

———（1974）「現代アフリカの政治的潮流と圏内の国際政治——パン・アフリカニズム，パックス・アフリカーナ，OAU——」『国際問題』173号，pp. 2-13.

———（1975）『増補　現代アフリカの政治とイデオロギー』慶應通信.

———（1989）『アフリカ現代政治』東京大学出版会.

———（1993）「現代アフリカの民主化と構造調整」『国際問題』405号，pp. 2-14.

———（2001）「アフリカと国際社会——冷戦後の10年——」『国際問題』499号，pp. 2-15.

川村仁子（2013）「現代国際社会における人権規範の普遍化に関する社会学理論からの検討」『東洋法学』57巻1号，pp. 217-236.

———（2016）「グローバリズム——グローバル化の行方——」出原政雄・長谷川一年・竹島博之編『原理から考える政治学』法律文化社，pp. 40-57.

川村仁子・龍澤邦彦（2022）『グローバル秩序論——国境を越えた思想・制度・規範の共鳴——』晃洋書房.

北村泰三（1996）「国際人権法の法的性格について」住吉良人編『現代国際社会と人権の諸相（宮崎繁樹先生古稀記念）』成文堂，pp. 1-27.

栗林忠男（1999）『現代国際法』慶應義塾大学出版会.

小室直樹（1974）「構造——機能分析の論理と方法——」福武直監修，青井和夫編『社会学講座　第1巻　理論社会学』東京大学出版会，pp. 15-80.

斎藤惠彦（1984）『世界人権宣言と現代——新国際人道秩序の展望——』有信堂高文社.

坂本義和（1997）『相対化の時代』岩波書店.

佐々木和之（2016）「〈和解をもたらす正義〉ガチャチャの実験——ルワンダのジェノサイドと移行期正義——」遠藤貢編『武力紛争を越える——せめぎ合う制度と戦略のなかで——』京都大学学術出版会，pp. 265-294.

篠田英朗（2007）「平和構築機関としての国際刑事裁判所」城山英明・石田勇治・遠藤乾編『紛争現場からの平和構築——国際刑事司法の役割と課題——』東信堂，pp. 166-173.

シースタック，ジェローム・J（2004）「人権の哲学的基礎」望月康恵訳，ヤヌシュ・シモニデス編著『国際人権法マニュアル——世界的視野から見た人権の理念と実践——』横田洋三監修，明石書店，pp. 58-102.

下谷内奈緒（2019）『国際刑事裁判の政治学——平和と正義をめぐるディレンマ——』岩波書店.

申惠丰（2016）『国際人権法［第2版］——国際基準のダイナミズムと国内法との協調——』信山社.

高野雄一（1983）「人権の国際的保護と国際人権法――世界人権宣言三十五周年――」高野雄一・宮崎繁樹・斎藤惠彦編『国際人権法入門』三省堂，pp. 1-16.

田畑茂二郎（1988）『国際化時代の人権問題』岩波書店.

――――（1991）『現代国際法の課題』東信堂.

――――（1997）「人権問題の国際化とその提起するもの」田畑茂二郎編『21世紀人権の時代』明石書店，pp. 11-36.

龍澤邦彦（1993）『宇宙法上の国際協力と商業化』興仁舎.

――――（1996）「イスラム法上の人権」龍澤邦彦監修『国際関係法』丸善プラネット，pp. 297-322.

――――（2006）「国連の民主化政策およびアフリカの人権」松下冽編『途上国社会の現在――国家・開発・市民社会――』法律文化社，pp. 242-259.

――――（2017）「アフリカにおける国際機関の役割」木田剛・竹内幸雄編『安定を模索するアフリカ』ミネルヴァ書房，pp. 19-40.

千葉正士（2007）『世界の法思想入門』講談社.

土屋哲（1978）『近代化とアフリカ――新しい価値観への挑戦――』朝日新聞社.

土山實男（1997）「アナーキーという秩序――国際政治学におけるリアリスト理論とその批判――」『国際法外交雑誌』96巻3号，pp. 313-352.

恒松直幸・橋爪大三郎・志田基与師（1981）「機能要件と構造変動仮説～構造―機能分析のIdentity Crisis～」『ソシオロゴス』5号，pp. 152-168.

トゥーレ，セク（1961）『続　アフリカの未来像』小出峻・野沢協訳，理論社.

ドネリー，ジャック（2007）「国際人権――その普遍性の課題・展望・限界――」井出真也訳，松井芳郎編『人間の安全保障と国際社会のガバナンス』日本評論社，pp. 129-161.

富田麻里（2013）「アジア地域人権機構設立の可能性――ASEAN等による地域機構の人権の保護・促進活動の検討をとおして――」『西南学院大学法学論集』45巻3号4号，pp. 123-165.

ニエレレ，ジュリアス（1979）「アフリカにおける外国軍隊」小田英郎・井上一明訳『アフリカ研究』18号，pp. 107-112.

東澤靖（2007）『国際刑事裁判所――法と実務――』明石書店.

――――（2013）『国際刑事裁判所と人権保障』信山社.

廣瀬和子（1970）『紛争と法――システム分析による国際法社会学の試み――』勁草書房.

――――（1995a）「変容と秩序をとらえるために」廣瀬和子・綿貫譲治編『新国際学――変容と秩序――』東京大学出版会，pp. 1-23.

――――（1995b）「国際社会の構造と平和秩序形成のメカニズム――強制措置の実効性を中心に――」廣瀬和子・綿貫譲治編『新国際学――変容と秩序――』東京大学出版会，

pp. 106-142.

─────（1998）『国際法社会学の理論　複雑システムとしての国際関係』東京大学出版会.

藤井広重（2016a）「南スーダンにおけるハイブリッド刑事法廷設置の試み──外と内の論理からの考察──」『アフリカレポート』54号, pp. 107-119.

─────（2016b）「国連と国際的な刑事裁判所──アフリカ連合による関与の意義, 課題及び展望──」日本国際連合学会編『国連──戦後70年の歩み, 課題, 展望──』国際書院, pp. 121-148.

古谷修一（2002）「国際法上の個人責任の拡大とその意義──国家責任法との関係を中心として──」『世界法年報』21号, pp. 82-109.

─────（2014）「国際刑事裁判権の意義と問題──国際法秩序における革新性と連続性──」村瀬信也・洪恵子編『国際刑事裁判所──最も重大な国際犯罪を裁く──［第2版］』東信堂, pp. 3-40.

星野昭吉（2001）『世界政治における行動主体と構造』アジア書房.

星野俊成（2001）「国際機構──ガヴァナンスのエージェント──」渡辺昭夫・土山實男編『グローバル・ガヴァナンス──政府なき秩序の模索──』東京大学出版会, pp. 168-191.

松本祥志（1986）「「アフリカ人権憲章」の成立背景と法的意義──二つの絶対的基準──」『札幌学院法学』3巻2号, pp. 113-181.

─────（2003）「アフリカ連合（AU）設立の方的背景と意義──政治的解決と司法的解決──」山手治之・香西茂編『現代国際法における人権と平和の保障』東信堂, pp. 321-354.

ムバイエ, ケバ（1984）「アフリカ統一機構」カーレル・バサック編『人権と国際社会（下）』The Unesco Press, pp. 871-919.

最上敏樹（2016）『国際機構論講義』岩波書店.

森下忠（2009）『国際刑事裁判所の研究』成文堂.

山崎公士（1983）「国家非常事態と人権」高野雄一・宮崎繁樹・斎藤惠彦編『国際人権法入門』三省堂, pp. 410-427.

山田哲也（2018）『国際機構論入門』東京大学出版会.

渡邉智明（2021）「地域機構──グローバル・ガバナンスとの関係性をめぐる3つのイメージ──」西谷真規子・山田高敬編『新時代のグローバル・ガバナンス論──制度・過程・行為主体──』ミネルヴァ書房, pp. 30-43.

外国語文献

Abass, Ademola（2013）"Prosecuting International Crimes in Africa: Rationale, Prospects and Challenges," *European Journal of International Law*, 24(3), pp. 933-

946.

Benedek, Wolfgang（1985）"Peoples, Rights and Individuals' Duties as Special Features of the African Charter on Human and Peoples' Rights," *Regional Protection Of Human Rights By International Law: The Emerging African System*, eds. Kuning, P., Benedek, W. and Mahalu, Costa R., Baden-Baden: Nomos Verlagsgesellschaft, pp. 59-94.

Bello, Emmanuel G.（1985）"The African Charter on Human and Peoples' Rights: A Legal Analysis," *Recueil des Cours*, V, Leiden: Brill-Nijhoff, pp. 21-31.

Césaire, Aimé（1956）"Culture and Colonization," *Presence africaine*, 8-10, pp.193-207.

Coleman, James S.（1971）*Nigeria: background to nationalism*, Berkeley: University of California Press.

Donnelly, Jack.（2013）*Universal Human Rights in Theory and Practice*, Ithaca and London: Cornell University Press.

Dupuy R. J.（1979）*Communauté Internationale et Disparité de Développement: Cour général du Droit International public*, R. C. A. D. I. 165.

Dupuy, R. J. ed.（1979）*Le droit à la santé en tant que droit de l'homme: colloque, La Haye, 27-29 Juillet 1978*, Alphen aan den Rijn: Sijthoff & Noordhoff.

Galtung, Johan（1979）*Development, Environment and Technology: Towards a Technology for Self-Reliance: study*（TD/B/C.6/23/Rev.1), Geneva: UN.

Grieco, Joseph M.,（1997）"Systemic Sources of Variation in Regional Institutionalization in Western Europe, East Asia, and the Americas," *The Political Economy of Regionalism*, eds. Mansfield, Edward L. and Miler, Helen V., New York: Columbia University Press, pp. 164-187.

Heyns, Christof ed.（2002）*Human Rights Law in Africa 1999*, The Hague: Kluwer Law International.

Isanga, Joseph M.（2013）"The International Criminal Court Ten Years Later: Appraisal and Prospects," *Cardozo Jornal of Internationa and Comparative Law*, 21, pp. 235-324.

Kannyo, Edward（1984）"The OAU and Human Rights," *The OAU after twenty years* eds. El-Ayouty, Y. Yassin and Zartman, I. William, New York: Praeger Publishers, pp. 155-172.

Kuper, Leo（1985）*The Prevention of Genocid*, New Haven: Yale University Press.

Legum, Colin（1962）*Pan-Africanism: a short political guide*, London: Pall Mall Press.

Levitt, Jeremy I.（2003）"The peace and security council of the African union: The Known Unknowns," *Transnational Law and Contemporary problems*, 13(1), pp. 109-

137.

Mahalu, Costa Ricky (1985) "Africa and Human Rigjts," *Regional Protection Of Human Rights By International Law: The Emerging African System*, eds. Kuning, P., Benedek, W. and Mahalu, Costa R., Baden-Baden: Nomos Verlagsgesellschaft, pp. 1-30.

Mbaye, Kéba (1972) "Le droit au développement comme un droit de l'Homme," *Revue des Droits de l' Homme*, V (V 2-3), pp. 505-534.

———— (1985) "Le Facteur Développement dans la Conception des Droits de la Personne, " *Canadian Human Rights Yearbook 1984-1985*, Canada: University of Ottawa, pp. 281-299.

Mazrui, Ali Al' Amin (1967) *Towards a Pax Africana : A Study of Ideology and Ambition*, London: Weidenfeld and Nicolson.

Ojo, Olusola and Sesay, Amadu (1986) "The O. A. U and Human Rights: Prospects for 1980s and beyond," *Human rights Quarterly* 8(1), pp. 89-103.

Ouguergouz, Fatsah (2003) *The African Charter of Human and Peoples' Rights: A Comprehensive Agenda for Human Dignity and Sustainable Democracy in Africa*, The Hague: Martinus Nijhoff Publishers.

Padmore, George (1956) *Pan-Africanism or Communism? The Coming Struggle for Africa*, New York: Roy Publishers.

Parsons, Talcott and Shils, Edward A. (1951) "Values, Motives, and Systems of Action," *Toward a general theory of action*, eds. Parsons, Talcott and Shils, Edward A., Cambridge, Mass.: Harvard University Press, pp. 47-109.

Parsons, Talcott (1966) *Societies: Evolutionary and Comparative Perspectives*, Englewood Cliffs, N.J. : Prentice-Hall.

Senghor, Léopold Sédar (1964) *Liberté I : Négritude et Humanisme*, Paris: Éditions du Seuil.

———— (1971) *Liberté II : Nation et voie Africaine du socialisme*, Paris: Éditions du Seuil.

Thomas, Caroline (1985) *New States, Sovereignty and Intervention*, Aldershot: Gower.

Vaillant, Janet G. (1990) *Black, French, and African: A Life of Léopold Sédar Senghor*, Cambridge: Harvard University Press.

Vasak, Karel (1977) "La Declaration universelle des droits de l'homme 30 ans après," *Le Courrier de l'UNESCO: une fenêtre ouverte sur le monde*, XXX, 11, pp. 28-29.

Vilmer, Jean-baptiste Jeangène (2016) "The African Union and the International Criminal Court: Counteracting the Crisis". *International Affairs*, 92(6), pp. 1319-1342.

Wallerstein, Immanuel（1962）"Pan-Africanism as Protest," Kaplan, Morton A. ed. *The Revolution in World Politics*, New York: John Wiley & Sons, Inc., pp. 137-152.

Welch, Caudel E. Jr（1981）"The O.A.U. and Human Rights: Towards a New Definition," *The Journal of Modern African Studies*, 19(3), pp. 401-420.

Wurzel, Rüdiger K. W. and Connelly, James（2010）"Introduction: European Union Political Leadership in International Climate Change Politics,". *The European Union as a Leader in International Climate Change Politics*, eds. Wurzel, Rüdiger K. W. and Connelly, James, London: Routledge, pp. 3-20.

Young, Oran R.（1986）"International Regimes: Toward a New Theory of Institutions," *World Politics*, 39(1), pp. 104-122.

Yusuf, Abdulquawi A.（2014）*Pan-Africanism and International Law*, Leiden: Brill Nijhoff.

資　料

AU Doc. Assembly/AU/Dec.221（XII）.

AU Doc. Assembly/AU/Dec.245（XIII）Rev.1.

AU Doc. Assembly/AU/Dec.482（XXI）.

AU Doc. Ext/Assembly/AU/Dec.1.

AU（2017）"Withdrawal Strategy Document", 《https://www.hrw.org/sites/default/files/supporting_resources/icc_withdrawal_strategy_jan._2017.pdf》, [2023年9月11日最終閲覧].

Conference of African Jurists on African Legal Process and the Individual（1971）"Conference of African Jurists on African Legal Process and the Individual," *Journal of African Law*, 15(3), pp. 237-239.

European Commission（1979）*Twelfth general report on the activities of the European Communities 1978*.

ICC（2009）lCC-02/05-01/09-192, 4 March 2009.

ICC（2014）ICC-01/09-02/11-983, 5 December 2014.

OAU Doc. AHG/Dec.115（XVI）.

OAU Doc. ACHPR/Res.59（XXXI）02.

Sec. 211, Pub. L. 94-302, 22 USCA 283y, 290g-299（sup. 1976）, United States.

Sec. 701（f）, Pub. L. 94-118,91 Stat. 1067 of October 3, 1977, United States.

The African Conference on the Rule of Law（1961）"African Conference on the Rule of Law, Report of the Proceedings of the Conference," *Journal of the International Commission of Jurists*, 3(1), pp. 9-28.

UN Doc. A/CONF. 157/ASRM/8A/CONF. 157 PC/59.

UN Doc. A/RES/1514 (XV).

UN Doc. A/RES/1803 (XVII).

UN Doc. A/RES/2626 (XXV).

UN Doc. S/2004/616.

UN Doc. ST/TAO/HR/38.

UN Doc. ST/TAO/HR/48.

UN Doc. ST/HR/SER.A/4.

その他

アバークロンビー，N.・S.ヒル・B. S. ターナー（1996）『新しい世紀の社会学中辞典』丸
　　山哲央監訳，ミネルヴァ書房.

香西茂・安藤仁介編（2002）『国際機構条約・資料集』東信堂.

薬師寺公夫・坂元茂樹・浅田正彦編（2020）『ベーシック条約集』東信堂.

索　　引

《著者紹介》

五十嵐 美華（いがらし　みか）

立命館大学大学院国際関係研究科博士課程後期課程修了．博士（国際関係学）．
立命館大学衣笠総合研究機構客員協力研究員．

主要業績

「国際刑事裁判所との関係におけるアフリカ連合の動向——行動システム理論
　　からの国際機構の分析——」『立命館大学人文科学研究所紀要』123号，
　　2020年，269-295頁．

「行動システム理論によるバンジュール憲章採択過程の分析——地域機構によ
　　る国際的な規範の受容と調整——」『立命館国際研究』34巻第1号，2021年，
　　101-123頁．

「行動システム理論によるアフリカ連合設立過程の分析——地域機構における
　　国際的な規範の内面化——」『立命館大学人文科学研究所紀要』135号，
　　2023年，199-231頁．

人権保障と地域国際機構
——アフリカ連合の役割と可能性——

2024年2月20日　初版第1刷発行　　＊定価はカバーに
　　　　　　　　　　　　　　　　　　　表示してあります

著　者　　五十嵐　美　華 ©
発行者　　萩　原　淳　平
印刷者　　河　野　俊一郎

発行所　株式会社　晃　洋　書　房

〒615-0026　京都市右京区西院北矢掛町7番地
電話　075(312)0788番(代)
振替口座　01040-6-32280

装丁　尾崎閑也　　　　　　印刷・製本　西濃印刷㈱

ISBN 978-4-7710-3801-1